莫渝現代詩賞析

陳 福 成 著

華文現代詩點將錄
文史哲出版社印行

國家圖書館出版品預行編目資料

莫渝現代詩賞析 / 陳福成著. -- 初版 -- 臺
北市：文史哲, 民 107. 08
頁： 公分. （華文現代詩點將錄；4）
ISBN 978-986-314-425-0 (平裝)

1.莫渝 2.新詩 3.詩評

851.486 107010925

華文現代詩點將錄 4

莫渝現代詩賞析

著 者：陳 福 成
出 版 者：文 史 哲 出 版 社
http:// www.lapen.com.tw
e-mail：lapen@ms74.hinet.net
登記證字號：行政院新聞局版臺業字五三三七號
發 行 人：彭 正 雄
發 行 所：文 史 哲 出 版 社
印 刷 者：文 史 哲 出 版 社
臺北市羅斯福路一段七十二巷四號
郵政劃撥帳號：一六一八〇一七五
電話886-2-23511028 · 傳真886-2-23965656

實價新臺幣三二〇元

二〇一八年（民一〇七）八月初版

ISBN 978-986-314-425-0 86104

開啓「莫渝研究」的窗口（作者序）

余雖一介武夫、束髮以來即受革命教育，以黃埔人自居，以蔣公校長子弟兵自勉，立志為國民革命打第一仗、立第一功，為中國的復興、繁榮與統一，盡一分心力。如此，方不愧為炎黃子孫，為中華民族之一份子。這是我從少年時代，對「武」路給自己的期許，可惜這條路不僅沒有機會，甚至走成一條「荒唐路」。

我的人生走成了兩條路，束髮以來即對文藝有興趣，也期許自己在文藝寫作上有點成績。是故，我雖身在軍營，仍努力找國內文壇詩界作品自修，只可惜「先天不足、後天不良」，土法煉鋼，終究難有大氣經典問世。但凡用過心力，多少小有收獲，對台灣文學界詩人群，我有點粗（初）淺的了解，也有頗多不成熟的研究。這是我力不從心的走出人生之「文」路。「文武雙全」為往昔教育宗旨，但我走的不太像樣！

在往昔數十年「文」路上，台灣的作家詩人群，老、中這兩代的作品，余大略知曉。

在文學範圍內寫作（含編、譯）領域之寬廣，用功之深，出版品量之大，莫渝應屬第一人。墨人寫到九十多歲，其《全集》是六十本左右；余雖號稱百本以上，但半數多是軍事、戰略、兵法、政治等雜項，數十本文學詩歌類，也是不成氣候。

反觀莫渝，他專注於文學：法國詩歌文學、現代詩、散文詩、台語詩、兒童文學、台灣詩壇（人）研究、苗栗地方文學、笠詩刊（史、詩人）研究、第三世界詩歌、各類文學評論、演講等（可詳見第一章和書末年表）。這是一座巨大的「文學山脈」，裡面每個子項都是一座不易攀登的大山，在台灣文壇詩界，「莫渝研究」應有可能成為一個主題體系，讓文學研究者逐步開拓「莫渝文學路」，否則台灣文學如何窺其全貌！甚幸！「莫渝研究」已有人踏出第一步。二〇一五年，中興大學中國文學所研究生劉蓉，其碩士論文《以現實的筆、寫關懷的詩——莫渝新詩研究》。還會有後續者，一步步開啟莫渝的文學世界。

二〇一六年之際，台灣社會依然被黑白兩道和藍綠二營綁架，而國際上戰爭打得火熱，苦的都是人民。願我佛慈悲，讓島內安寧、兩岸和平、各國不要攻伐爭戰，這些祈禱似乎都「白做工」了。佛曰：萬法因緣生，萬法因緣滅。大家都在吃「苦果」，乃是大家都不從「因」頭解決問題，苦果便有無窮多！

師父星雲大師說：「心外的世界永無和平，心內的世界可以和平。」吾乃置煩亂於身外，內心平靜賞讀詩人莫渝，我拋「玉」引「鑽」，期待開啟「莫渝研究」的一個窗口。

（台北公館蟾蜍山萬盛草堂主人　**陳福成**誌於二〇一六年十月初）

5 莫渝圖像

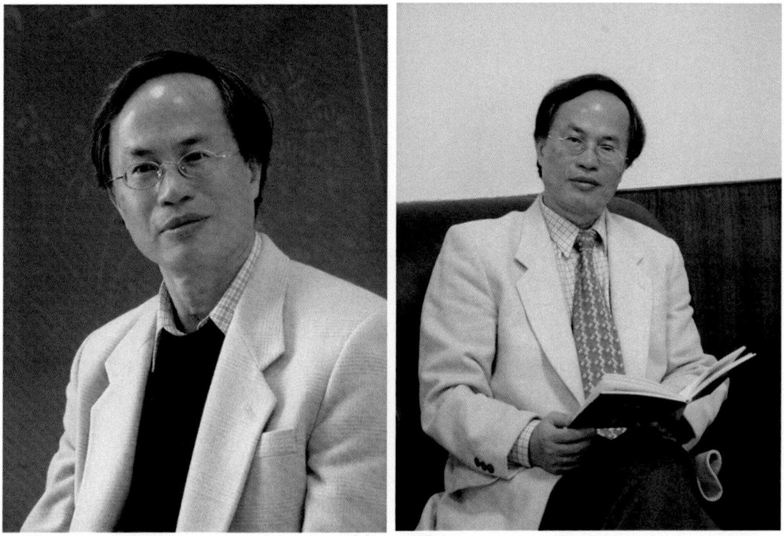

莫 渝

《莫渝詩文集》(苗栗縣文化局出版)

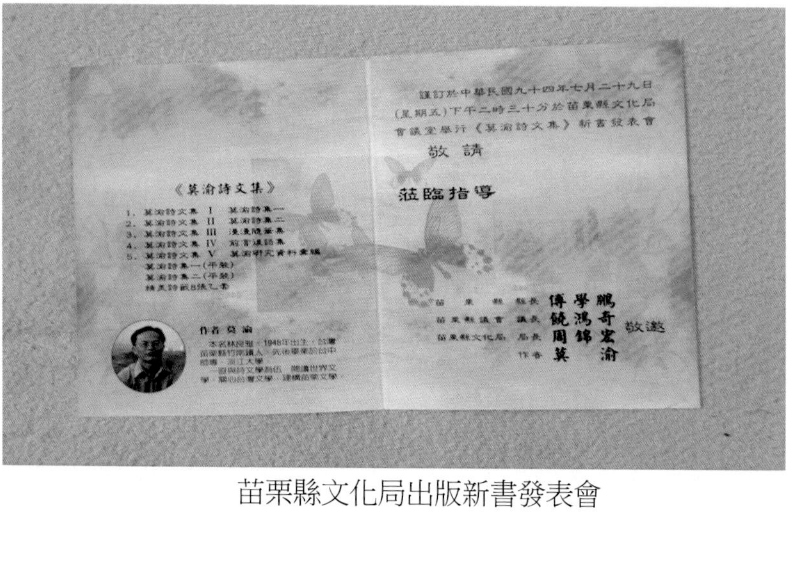

苗栗縣文化局出版新書發表會

7 莫渝圖像

莫渝主編《台灣詩人選集》 台灣文學館出版

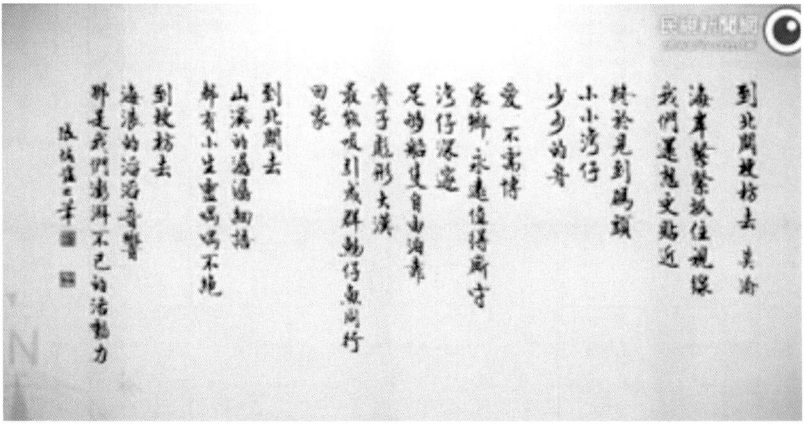

張炳煌：書法；莫　渝：詩

李幼新、莫渝合影 2017.09.17

晨陽咖啡館.2017.08.25

謝明錩畫作前　2018.05.19.

《華文現代詩》點將錄

莫渝現代詩賞析

目　次

第一章　關於莫渝與其文學之路

當我慢慢閱讀有關莫渝的一些資料，卻越讀越頭大，因為他數十年來深耕的文學領域，即深又廣，非短時間用一本小冊子所能概括其全部。本文僅先用以下各項，略為簡說莫渝這個人與其文學之路，實在是成就不凡。

生命歷程簡介

莫渝，本名林良雅，一九四八年（民37）元月，出生於苗栗竹南中港溪畔。一九六八年（21歲）台中師範專科學校畢業；一九七二年（25歲），就讀淡江文理學院夜間部法國語文學系，一九七六年淡江畢業，一九七七年（30歲）出版第一本書《法國古詩選》。一九八二年（35歲）九月赴法國進修，次年六月返台並加入《笠》詩社。一九九九年（52歲）十二月，擔任桂冠圖書公司文學主編，二〇〇四年十二月離開桂冠圖書公司。

二〇〇五年（58歲）八月，接任《笠》詩刊主編，二〇一二年（65歲）九月，卸下《笠》詩刊主編。

仔細看莫渝的簡歷，我會有個疑惑，他似乎「不食人間煙火」，他「賴以維生的工作」是什麼？他雖有大量創作出版，但那些不足以「養家活口」。從他的年表看，有薪給的工作只有桂冠那五年，七年《笠》詩刊主編相信也是志工。不過，他有不少著作（含編、譯等）的出版和演講，由政府單位或基金會支持，如苗栗縣立文化中心、台灣省新聞處、國家文化藝術基金會、台中市立文化中心、苗栗縣文化局、台北縣政府、台北大學中文系、新北市政府、淡江大學、高雄市文化局。這些雖有所收入，也還不能養家活口，維持生活。最後的「想像空間」，剩下「祖產」，他有很多祖產，他是「富二代」，但這也不像，富二代不可能如此深耕文學。這些，非本文研究重點，以後有因緣再探索。（二〇一六年十月底的一次餐會，我向莫渝當面問證，原來他是老師退休。）

強烈的文學使命感

當寫作成了吃鴉片煙或吸毒等一樣，大概就不須要問「為何而寫？」當然，有時為了好聽可以說為「文學使命感」，多少也有一些原因，這是「習慣」轉成「喜歡」，就有了境界。但為何會養成寫作習慣，我覺得是因為成長過程中沒有因緣養成其他習慣，如跳舞、唱歌、打牌、喝酒等。我有很多朋友每天就在唱跳打喝裡，行事曆排滿了，叫他練習寫點東西，他說：「哪有這美國時間？」提筆如千斤之重啊！

會堅持寫作幾十年的作家，必定在很年輕時接觸到文學，獲得鼓舞和信心，長久寫下去成了習慣。例如，本文主角莫渝，他一九六四年（17歲）在《中師青年》開始發表詩創作，此後的半個世紀，他竟像抽鴉片一樣，永不停筆了。文學出版品的量（著編譯）在國內無出其右者。

但是，莫渝的寫作人生，已非單純的習慣可以解釋，更多的是「強烈的文學使命感」，我這樣說是有根據的，證據在他這輩子深耕文學的範圍和深度。法國、西班牙詩文學，第三世界詩文學、《笠》詩和史、散文等、台語詩、本土文學、兒童文學等，這些東西多麼的「冷」！多麼的「孤獨」！沒有使命感如何堅持一輩子？他堅持本土文學從自己做起。

莫渝不僅有文學使命感，對於運用文學進行社會革命還有點嚮往，這又超越了使命感。一九九七年五月，莫渝接受建國廣場電台主持人曾心儀訪談，主題是〈詩文學的欣賞：私我、台灣與第三世界〉，該訪談文莫渝提到，「寫作方面，即使有所抗議或批判，都顯得很無奈。」因為這些詩無法形成力量。但他舉外國例，如普希金或匈牙利的裴多菲，他們都和革命者混在一起，用詩來激勵那些革命者。（註①）言下頗為嚮往，所以莫渝不僅對文學有熱情，對社會革命也有熱情。

政治不可信，文學文化要有自主性的覺悟

莫渝在《陽光與暗影》詩集，有〈政府不可信〉、〈走狗〉、〈政客〉等多首詩作，（註②）表達對政治的痛恨，等於也明確表示政府政治都不可信，政客只想綁票選民，台灣文學要有「自主性」的覺悟。絕對不要期待朝野政治力量能幫助文化，提出什麼文化政策，他們開這種支票時，根本不要理他，一切要靠自己（指作家、詩人）來耕耘來開拓。（註③）莫渝是苗栗人，當然文學本土化要從苗栗做起，他便在苗栗文化中心策劃「苗栗文學讀本」，選編苗栗籍作家作品，未來設法納入教育體制變成教科書，就有了種子的作用，文學本土化才能落實。

莫渝的論述，基本上沒有問題，惟不夠完整。世上東西要被廣大人民接受，都要完成本土化，如佛教東來中國，也經過數百年本土化才成「中國佛教」，文學亦然。但若本土化被過度無限上綱，也是危機，例如苗栗人只讀苗栗文學，台中人只讀台中文學……

最後台灣內部將如何?這個問題和孫中山講「民族主義和世界主義」，道理相同。文學有範疇、有層次（如圖示），文學讀本應該要涵蓋各層次。

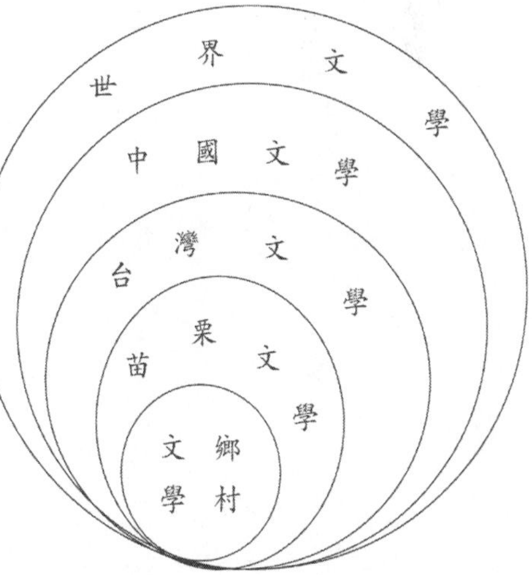

文學的範圍示意圖

「現實主義人文關懷的台灣詩人」

莫渝自我界定是「現實主義人文關懷的台灣詩人」，何謂「現實主義?」劉正偉在他最近的大著《早期藍星詩史》一書說，寫實主義一般也稱現實主義（**Realism**），主張文學及藝術應確切地反映生活的現實。（註④）正偉兄在該書也介紹了孟樊歸納寫實主義的六大特色：（一）相信詩的忠實性。（二）忠實地表現現實。（三）反對感情用事。（四）語言的平白化。（五）內容重於形式。（六）具體人事物的描寫。正偉同時也指出，台灣目前最貼近寫實主義風格的詩社團，應該是笠詩社了。

按此六項特色檢驗莫渝各類文學作品，（說明：我手上僅有《瑞典與丹麥》、《石柱集》、《陽光與暗影》及他發表在《華文現代詩》等作品。）僅就這些來看，還有他對鄉土、本土文學的深耕（見下項），可以確認他是現實主義人文關懷的台灣詩人。

孟樊的六項特色之（三）「反對感情用事」，似乎間接在莫渝作品有所驗證。莫渝的作品幾乎沒有個人私情、愛情的書寫，友情和親情也只有一點點味道。而對社會、鄉土、客觀存在的人事地物的書寫，則極為豐富，充份體現他的寫作人生，是非常真實、寫實與現實的。

莫渝著作總目（以正式已出版文本為準）

莫渝著作等身，各類出版文本數量很多，為方便閱讀分類，從他三十歲出版第一本書開始，以每十年為一個階段，整理他所有作品（含著、編、譯、合編等），簡略提示如後。

△一九七七（30歲）～一九八七年（40歲）

譯詩：《法國古詩選》、《在地獄裡一季》、《韓波詩文集》、《法國十九世紀詩選》、《比利提斯之歌》、《惡之華》。

詩集：《無語的春天》、《長城》、《土地的戀歌》。

評論、文集：《法國詩人介紹》、《走在文學邊緣》二冊。

散文詩譯作：《遠征》。

此期間，尚有出版編輯《紅德研究》、《梵樂希詩文集》，出版編輯《法國散文選》，出版翻譯《異鄉人》。

△一九八八（41歲）～一九九七年（50歲）

詩集：《浮雲集》、《水鏡》。

散文詩：《情願讓雨淋著》（36家）、《河畔草》。

論述、文論、評論：《鞋子的家》、《彩筆傳華彩：台灣20家》、《惡之華譯析》（廣州版）、《愛與和平的禮讚》、《讀詩錄》、《認識莫渝》、《閱讀台灣散文詩》、《夜暗的星芒：法國詩歌筆記》。

譯詩：《現代譯詩名家鳥瞰》。

漢法對照：《香水與香頌：法國詩歌欣賞》。

△一九九八（51歲）～二〇〇七年（60歲）

兒童文學：《我們的島》、《神奇的貓》、《神奇的窗戶：中國兒童詩歌賞析》。

詩集、編選：《莫渝詩集》二冊、《莫渝詩選》（蒙古版）、《水鏡》（新增訂）、《莫渝詩文選》五冊、《薔薇不知：台灣情詩選》、《第一道曙光》：《台灣詩人群像：

莫渝詩集》。

文集、評論：《螢光與花束》、《台灣詩人群像》、《波光瀲灩：20世紀法國文學》、《笠下的一群》、《台灣新詩筆記》、《法國文學筆記》、《新詩隨筆》。

譯詩、編譯、編著、譯作：《白睡蓮：法國散文詩精選》、《法國情詩選》、《法國20世紀詩選》、《比利提斯之歌》（新版）、《小王子》、《雅姆抒情詩選》（河北版）、《塞納河畔：法國文學掠影》、《凱旋門前：法國文人剪彩》、《偶發事件》。

文學誌：《苗栗縣文學誌》。

△二〇〇八（61歲）～二〇一五年（68歲）

文論、專輯：《笠文論選》二冊、《時代的見證》、《風格的建構》、《莫渝的文學旅途》。

譯詩：《瑞典與丹麥》、《石柱集：第三世界詩歌的譯介與欣賞》。

詩集、合編：《2008台灣現代詩選》、《2009台灣現代詩選》、《2010台灣現代詩選》、《2011台灣現代詩選》、《2012台灣現代詩選》、《2013台灣現代詩選》、《台灣詩人選集・莫渝集》（彭瑞金編）、《革命軍》、《詩人愛情社會學》、《春天ê百合》（台語詩集）、《走入春雨》、《笠園玫瑰：笠女詩人選》、《千濤拍浪》（韓文版）、《台灣詩人側記》、《光之穹頂》（台語詩集）、《莫渝小詩集：給貓咪的12行詩》、《陽光與暗影》。

詩社史：《笠詩社演進史》。

在二〇一五年，莫渝尚有：出版合編《二〇一四台灣現代詩選》、出版編選《台灣現當代作家研究資料彙編・65・詹冰》。

以上是莫渝三十多年來，文學耕耘的成果，正式出版的文本有八十多本（加各類編輯百餘本），尚未包含他參與文學文化活動演講等工作。他對文學的投入和成果，全台灣誰能出其右？

當我發現莫渝是個「深值研究的主題」，想要再深入多了解一些，卻感覺這個命題很有難度。原因之一，是莫渝的絕大多數詩作只寫客觀世界的種種，而把主觀的「我」潛藏，這個創作風格和十九世紀法國現實主義作家佛祿拜爾一樣，會不會莫渝留學法國受他的影響？不得而知。所以，本文「關於莫渝這個人」，談得不夠深入與準確。當然還有別的原因，如資料不足等。

「作品發表後就死了」，這是詩人作家都知道的一件事。但這句話也有多重語意，其一作品沒有讀者就是「死作品」；其二是指作品發表後，作者便「無權過問」了，其價值好壞全任由讀者批判或解讀，在「批判、解讀」加持下，作品得以「不死」。若無任何讀者加以批判解讀等，其作品亦死。

我想莫渝的作品是「死不了」的，但能「存活」多久，能否傳世？讓後世子孫代代有讀者，「時間」是最後最公正的裁判。

初步檢視莫渝，我發現我們可能某方面很類似，他對社會革命有些嚮往，我亦有憧憬。假如，真有機會，搞不好會成為革命志士或革命詩人！

註釋

①莫渝和曾心儀的訪談，〈詩文學的欣賞：私我、台灣與第三世界〉，莫渝譯，《石柱集：第三世界詩歌的譯介與欣賞》（高雄：春暉出版社，二〇一五年十月初版），頁二四〇—二六五。

②莫渝，《陽光與暗影》（台北：新北市政府文化局，二〇一四年十月）。

③同註①。

④劉正偉，《早期藍星詩史》（台北：文史哲出版社，二〇一六年元月），頁三二七。

第二章 〈寒冬煙火〉社會弱勢關懷與批判

關懷自己所生存的社會和土地人民，應是世界上所有身為作家、詩人的「天職」，本應如此，理當如是。試想，身為A國家的詩人，只關懷B、C、D……他國情事，他的作品從不關懷自己A國家的土地人民，他會得到多少肯定？他偉大的起來嗎？我所讀過好的作品，大多是作家從本土關懷開始，書寫自己腳下的土地。

但所謂「本土、鄉土、本土化」，也有很多爭議和論戰，戰火從來沒有熄過，各方都言之成理，到底「本土」的界定何在？從來就沒有共識，故余亦不深論。一般而言，各民族或各地區的人，應該關心自己的土地，這是合情合理的，本土關懷由此開始。

「關懷」會形成眾人視覺焦點，有時會有小小的批判力道，有使命感的作家一定會在自己的作品，注入社會關懷與批判。例如，杜甫〈春望〉、〈兵車行〉等，尤以其名詩句「朱門酒肉臭，路有凍死骨」，是多麼強烈的批判！多麼沈重的關懷！詩聖之名確有其實。他被後世詩評家定位在「寫實主義」（現實主義）詩人，忠實把他腳踏的土地和所見社會人民，受到的苦難真實表現出來。杜詩善陳時事，律切精深，千古不衰，世號「詩史」。

社會關懷與批判始終是莫渝創作動力之一，這只要多看他的詩或訪談就能理解。在他和曾心儀訪談對話那篇文章，莫渝說：「我一直認為詩的創作，感動和批判是詩的兩股使命或是任務，感動，當然是針對人心，不管是唯美的或是溫情的感動。另一方面，批判現實也應該是詩的一項任務。批判現實當然帶有一種抗議……」（註①）感動來自真切的關懷。在那篇文章，莫渝介紹了〈沒有神的廟〉、〈戰爭孤兒〉、〈殘腿〉三首詩，都有很深的關懷和強烈的批判。

「即使有所抗議或批判，都顯得很無奈。寫了這些詩，只是表達自己的一個看法，而無法形成一種鼓動的力量。」（註②）這是詩人的無力感，但這和時代潮流、社會、經濟條件有關。政治學有個「中產階級」理論，只要整個社會的中產階級成為主流，便失去了革命環境，鼓動的力量都難以形成。反之，若窮人居多，就是革命造反的溫床，台灣已無鼓動風潮的環境，即使如此，詩人也不會放棄創作，在那篇訪談文章莫渝回答曾心儀說：「我們看外國的革命詩人既然有這分能力，我們應該也可以的，試著走入群眾，親身體會，多方面參與，激發出創作的火花。」（註③）所以，吾等（如莫渝、我、劉正偉），應堅持作家詩人的天職，至於有多少感動和批判力！那應該也是程度而已，不能感動全天下人！不能感動千萬人！至少感動百十人。而此刻，我受了感動！

打開莫渝詩集《陽光與暗影》，〈寒冬煙火〉集開始的三首詩，對於台灣社會、弱勢的關懷和批判，很詩意、很詭異，也很真實。很能夠引起反思，先賞讀〈童話告急〉一詩。（註④）

年節總安置在冷颼颼的酷冬
（檢驗耐寒力？）

點燃第一根火柴
看到 101 高樓飄浮的魅影
閃閃晃晃
很炫麗

點燃第二根火柴
乍現　凱達格蘭大道前的府樓
隨瞬間小火光一樣搖搖飄飄
似壯觀

第三根火柴
瞧見騎樓角落流浪漢縮成
一坨碎紙片
僅露出無眼的頭部
（我能給他最後一塊麵包）

沒有火柴
瞬間漆黑一片
閉目祈禱：
童話美麗　謊言美麗

世界美麗　天堂美麗

美麗的火柴賜我寒天冰冷的美麗歸宿

這首詩的情節、布局，故布疑雲，很吸引人要揭開真相。101高樓飄浮的魅影、凱道前府樓火光飄搖，這意象很詭異而鮮活；流浪漢縮成一坨碎紙片是震驚的意象。整首詩從詩題開始，就出現矛盾中求統一的弔詭語言。

先說詩題，「童話」本來就不真實、不存在的，虛幻的，預告讀者接下來詩裡說的全是「假相」。因為所述都是童話，相信了你便是三歲小孩。當然，這樣說本體上是正確的，如《金剛經》所言：「一切有為法，如夢幻泡影，如露亦如電，應作如是觀。」就連三千大世界也是「緣生則聚、緣散則滅」的假相，萬物都沒有主體性。所以，世界萬物皆如童話，盡是假相。但不存在的假相為何也會「告急」，豈不矛盾！原來萬物在「緣生則聚」那一瞬間，還是真實的存在，人生雖瞬間如白駒過隙，也還是存在的。必待「緣散則滅」，又成了空無。所以，「童話告急」詩題要從有為法（入世觀）和無為法（出世觀），兩極理解語意，就能清楚明白。

「告急」，一定有大事難解決才要告急，何事？原來是社會太黑暗了，我們這裡「萬古如長夜」，雖是光天化日，但到處都黑，人心黑，政局更黑，詩人才點燃一根火柴，一盞小燈可以照亮萬古。這是詩人要點燃火柴的原因（詩人的使命），詩人希望大家都是一盞小燈，可惜詩人失望了，因為這裡除了詩人，無人願意點燃一根火柴，所以最後沒有火柴，我們這裡瞬間又漆黑一片，詩人只能祈禱這個「童話世界」，一切都美麗。

第一段一行是引子，為讀者打開一扇門，看看這個黑暗的世界。第二段第一根火柴點燃，看到101大樓「飄浮的魅影」，魅是「魑魅」，害人的怪物，對人產生引誘媚惑。101大樓曾是台灣的地標，也是高所得者消費享受的地方，現在被比喻成鬼怪，因為社會上高所得成為少數，中產階級正在消失，絕大多數人成了窮人，貧富差距越來越大。因此，高樓裡的魅影很炫麗，和大樓外的貧困黑暗成為兩個世界，產生強烈的對比，極震撼人心。

第三段點燃第二根火柴，發現凱道前府樓裡火光飄搖，外面全是黑暗（罪惡、民怨、痛苦），只有府內有火光，裡面一定有什麼密謀！這裡是統治階層的大本營，但統治者不顧外面人民的死活。人有了權力就變質了，有了大權只會騎在人民頭上灑尿！

第四段點燃第三根火柴，發現更慘的情境，流浪漢在騎樓角縮成一坨碎紙片。原來這個社會，打破浮華的表相，剖開詭異的表層，怎麼盡是苦難！詩人想救世救人，「我能給他最後一塊麵包」，「能給」而「未給」，因為給了也解決不了全面的黑暗和苦難。

最後沒有火柴了，世界回到黑暗，詩人只能祈禱這個虛幻不實的世界，一切都美麗，連謊言也是美麗的。這個社會最如寒天冰冷，但因是自己的土地，就當作美麗的歸宿，這是一種無力、無奈感。自古以來，絕大多數詩人只能詩言志，造反不敢，革命無力，只能寫詩批判、抗議。賞讀另一首〈錦上添花〉。（註⑤）

在高樓盆栽幾株瞬秒花
都說：新年新氣象

新年，新氣象
氣象最新報告
第二波強烈寒流陪大家玩年

富人拼命燃燒紙錢開心焚放高樓煙火

超越喜氣
窮人不得不燒炭取暖
隨煙上升
寒冬裡人人準備幾朵各自的喜花
過冬

不等行數的四段短詩也隱約露出一些迅息，「瞬秒花」，煙火花是也。富人拼命燒「紙錢」，紙錢本是燒給往生者或神靈使用，這裡比喻有錢人在年節拼命放煙火，很浪費錢，把錢不當錢用，像是用燒的，一下燒了幾千萬。確實每年節慶、跨年，各縣市花幾千萬放煙火，只得一時空虛的享樂，對民生無益，把那些錢用來救貧解困更有意義，這是詩人在詩意中未言之關懷和批判。

第三段裡「窮人不得不燒炭取暖」，這個「燒炭」並非取暖，而是自殺，現代還有人用燒炭來取暖嗎？顯然這是詩人逆勢操作語言使用。證據在「隨煙上升」四字，升麼東西隨煙上升？當然只有燒炭自殺死了，靈魂隨煙上升。最後兩行「寒冬裡人人準備幾朵各自的喜花／過冬」也有些詭異，過冬要準備的是糧食衣物，而不是什麼「喜花」，花不能拿來過冬，詩意在說窮人沒有資糧可以過冬。整首的核心意涵，主要批判年節放煙火的不當，更警示貧富兩極化後，造成更多社會問題。再賞另一首〈寒冬煙火〉也是類似的關懷和批判。（註⑥）

擠看煙火的眾人
群頭鑽動引頸翹盼

盼望第一道曙光的人們
紛紛登山近海

煙火
不算太陽　不易取暖
日出
新的一天的開始

仔細再深入檢視〈童話告急〉、〈錦上添花〉和〈寒冬煙火〉三首詩，不論是關懷的深度或批判的強度，都源自詩人對當前的台灣社會充溢不滿情緒。這個情境我從兩方面說，其一是中國傳統詩學理論的「詩言志」，打開吾國詩的發展史，詩人言志述說心中不滿，可以說是主流，歷朝歷代的詩人莫不如是，因而留下許多經典作品。從這個角度看，詩人以詩言說他的不滿和批判，這正是詩人的真性情，是人性中最可貴的部份，詩人應如是。

其二，我從政治發展理論切入，人類社會要不斷進步，趨向最後可能的「完美的政治制度和社會型態」，人民必須抱持「永恆的不滿和批判」；人民對政治和政府的表現，要永遠都不滿、不滿、不滿，進而批判、批判、再批判，政治和政府才會越來越好。這樣的政治哲學主張者，西方有兩個學派，對政治發展影甚大。

一個是德國的「法蘭克福學派」（Frankfurt School），主要的思想家有阿多諾（Theodor Adorno）、霍克海默（Max Horkheimer）和馬庫色（Herbert Marcuse），他們的思想和主張，一度全球流行，影響各國政治思想的演進，甚至影響政局的改變。

另一個曾經很流行的是「新馬克斯主義」，主要理論家如匈牙利的盧卡奇（George

Lukacs）、加拿大的泰勒（Charles Taylor）。西方新馬克斯主義的流行，主要對馬克斯主義特別強調其批判的向度。馬克斯主義本身也有批判性，但認為已經教條化而失批判性，「新馬」主張「批判」才是政治和社會進步的動力。

以上這些政治、社會思想家的作品，在筆者年輕就讀政治研究所時，正在流行，政研所研究生無不研讀，可謂深受影響。如今閱讀莫渝的詩，對他詩中的社會弱勢關懷和批判性內涵，我才會有感，而衍繹論述。

註釋

① 莫渝，〈詩文學的欣賞：私我、台灣與第三世界〉，《石柱集：第三世界詩歌的譯介與欣賞》（高雄：春暉出版社，二〇一五年十月初版），頁二四〇—二六五。

② 同註①，頁二五二。

③ 同註①，頁二六四。

④ 莫渝，《陽光與暗影》（台北：新北市政府文化局，二〇一四年十月），頁二二一—二二三。

⑤ 同註④，頁二一四。

⑥ 同註④，頁二五。

第三章 將軍、詩人和知識份子

在莫渝《陽光與暗影》這本詩集，有三首詩分別以將軍、詩人、知識份子三種角色，詩寫他心中的不滿和批判，深刻的反諷也令人反思許多問題。很有看頭，也很有「作文章」的空間。

將軍，是所有職業軍人追求的夢想。但「一將功成萬骨枯」，你必須有九條命才有機會，甚至佛陀、耶蘇、玉皇大帝都和你是一國的，你從兵↓士↓尉↓校……這一路上都死不了，你才有機會成為「將軍」。當然這是戰爭時期，在平時就輕鬆多了，只要搞好關係、跟對人，加上大把銀子「夯」下去，升將軍並不難。例如，陳水扁政權時期，第一夫人吳淑珍定下的價碼，升少將是兩佰萬，升中將是伍佰萬，通常先給一半錢，升了交出另半，未升退錢，很合乎公平公正原則吧！這種事你會問有「證據」嗎？只有「豬將軍」才會留下證據，吳淑珍也不會留下證據。但我想說，這是例外，甚至意外，宇宙間的事都有例外和意外，牛頓三大定律、愛因斯坦的相對論，也都有例外和意外，何況社會百態！

詩人，看似「高尚」，但不論東西方歷史，在某些特別的年代裡，詩人也曾被指控是「社會寄生蟲」，因為詩人不事生產，「遊手好閒」，有時也會因詩丟了小命。莫渝在〈在自由的氛圍裡寫作〉一文，提到這樣的案例。（註①）在中國也有因詩而丟了老命，如大詞人李後主正是，他在政治領域的評價是「亡國之君」，在文學領域的評價則是「永恆不倒的君王」。可見人生的價值、功過，很難論斷。

至於知識份子，東西方歷史上都有慘痛史事，西方在「黑暗時代」（五到十五世紀），長達一千年之久，知識份子飽受宗教迫害，也是死人無數。科學家們證實了宇宙真理不敢公佈，因為一公佈便死路一條。在我們中國，最有名的是秦始皇迫害知識份子，大陸文革時，知識份子被打成「臭老九」。就是現在的台灣（二〇一六年間），台獨政權上台，小英政府就鬥爭知識份子（軍公教），把知識份子鬥爭成「社會米蟲」，真是不堪啊！

人的一生會扮演很多角色，例如詩人，同時又是教授、學生、志工、勞動者、家長、生意人……注意一下你在外面碰到的朋友，名片上有多少角色！這些角色的價值如何定

位？人的價值是「外定」還是「內定」？這且後說，先賞讀莫渝〈將軍底頭：新世紀重讀施蟄存〈將軍底頭〉台版演義〉。（註②）

將軍的腳踩踏雙條船
悠遊兩岸
出軌的生活
得意自在

將軍的肩星亮如 Venus
陽光強烈暫時退隱
夜晚是他閃爍的天下
尤其明月夜
星空人間真的共輝映

離開戰場

將軍嘴裡吐出的話仍然鏗鏘有力
好比雷霆
一怒，天下皆震
一笑，天下共恥笑

將軍的頭
好思維
生生苔的滾石
常常鏽痘
常常停留在黃埔的意氣煥發年代

將軍的頭
擱置和平飯局的大圓桌
一擱
不想離開

一隻流浪狗常常對月狂吠

二〇一二年元月十九日

軍人在世界各國都是「特殊行業」，學術上也被歸類在「封閉系統」內，確實是他的特殊性使然。所以，不論在那一種社會，軍人在社會上的觀感很複雜，尊敬、歧視、疏離、崇拜、痛恨……無奇不有。按各國政治發展來觀察，低度開發國家的軍人地位高，因為國家的權力和財富大都在軍人手上，軍人也是最先進的群體。到了開發中國家，軍人地位稍降；到已開發國家，社會全面開放，軍人地位更低。這涉及很多層面理論，與本文內容無關，不必論述。

我要說的是與莫渝詩有關的黃埔軍人，當民國初建，內憂外患，國家處於分裂狀態，而日本侵華算計，一日比一日險惡。孫中山先生為建立革命武力，抗拒外國侵略，對內完成國家統一，乃創建黃埔軍校，由我老校長蔣中正先生擔任校長。此後數十年，國家為完善軍備也成立了陸海空政戰等各種軍事院校，培養各種軍事人才。所以，按民國以來至今，所謂「黃埔」有廣狹二意，廣意黃埔包含三軍各院校出身的軍人，狹意黃埔則只有出自陸軍官校的軍人。

但不論廣狹黃埔，從民國十三年的黃埔一期，到現在的三軍各院校出來的軍人，只要是「國軍」，都知道「國軍使命」，在「完成中國的繁榮、富強與統一」，本質上從國父時代、蔣校長時期到現在，完全沒有改變，從學校教育開始都講的清楚明白，內化成黃埔軍人的思想內涵，包含筆者已一介退伍老兵，乃不忘此一「國軍使命」是我黃埔人一生追求的理想。我們「不忘初心」，對不忘初心的人，理應給他最高敬意，但現在為何受到批判，詩人罵他頭腦「鏽痘」（台語發音，意指頭腦壞掉了）。將軍都腦袋壞了，我這老上校會好嗎？當然也是鏽痘了，這首詩為何對我不僅有感，簡直是一顆炸彈在腦海炸開，產生強烈的衝擊，可見莫渝這首詩勁道十足。

我並未讀施蟄存的〈將軍底頭〉，就直接解讀莫渝的詩。第一段「**將軍的脚踩踏雙條船／悠遊兩岸**」，這背後有極深遠的原因和目前的動機，要深入講清楚，可以寫好幾本博士論文。現在只能以最簡單的方式，略說這個問題。

先談極深遠的原因：（一）相信大家仍記得蔣中正時代，我們稱大陸叫「偽政權」，因為那時大陸搞馬列共產主義，那是「非中國」，違背中華文化，所以那時他們要「打倒孔家店」，就是要「去中國化」，這和現在台獨的「去中國化」一模一樣，只有規模不同。蔣中正的政權至少高舉復興中華文化，對大陸的「馬列中國」，當然要叫「偽政權」。偽政權當然是國軍的敵人，黃埔精神的宗旨是救中國，中共政權當然就是國軍要推翻的對像。但是，鄧小平改革開放後，他們放棄馬列共產主義，回到中華文化的本位上，要追求中國之富強繁榮，要復興民族尊嚴，這便和國軍（乃至統派思想）成為同路、伙伴，而不是敵人了，這道理很簡單。（二）國軍將領均出自黃埔系統，少數非黃埔系統如孫立人，所追求目標與黃埔一致，對大陸的「中國」與「非中國」區分，了然於心，若大陸政權合乎中華文化內涵就是朋友，若違背中華文化就是敵人。我相信，目前國軍官兵對這個認知還是清楚的，當然已有少數被台獨思想迷惑。

再談目前的動機。現在這些退役將領（含筆者在內的所有退伍官兵），目前持何種心態？按我觀察，中共已從敵人轉變成朋友或伙伴，而共同的敵人則是台獨。大家可能還記得，大約在民國七十年以前，大陸和海外台獨是「階段性朋友」，共同敵人是「中華民國」。但兩岸開放後，尤其李登輝開始搞台獨，兩岸統派人馬開始感覺必須聯手對付台獨，才能消滅台獨。這是台灣很多將領，包含很多各界人馬等，也都「悠遊兩岸」的原因。換言之，台灣統派（含還承認自己是中國人）和大陸已有共識，台獨才是共同的敵人，應聯手滅之。

〈將軍底頭〉接著說「夜晚是他閃爍的天下／尤其明月夜」都是諷刺的詩語言，表示那些將軍不敢光明正大做，盡在晚上幹。後面的「天下共恥笑」，常常鏽痘，都是譏誚的詩語言，產生強大的衝擊，撞到頭腦，不鏽痘也會頭昏。

整體來品賞這首詩，詩人捉住歷史的「死穴」痛擊，確實很有力道，有「諷一勸百」的功能。當然，這是從莫渝的史觀出發，與將軍的史觀落差極大，落差大才會有撞擊力。這首詩最後一句，「一隻流浪狗常常對月狂吠」，其意象鮮活，但不知所指為何？語意不明。有個成語「蜀犬吠日」，少見多怪之意，這裡的「台犬吠月」可能另有所述，我可以舉出很多，不過我把這機會讓給有緣的讀者去自由心證。再賞莫渝的〈知識份子〉。（註③）

一直用功，是他的本領
兼血緣純正
不擇手段的優越資質
幫考試取得高分
順利進入權力圈

自然，迎面就見到笑容
一堆臉

展示高成績
職場耍弄拼命三郎
用功依然
保持唇角的煙
要掉不掉的哲學樣

目空一切的知識份子
秘密心底封藏
絕不能掀開或被
揭穿

二〇一二年元月十九日

知識份子「**一直用功，是他的本領**」，這句淺白的詩語言涵富多元歧義，真是妙極了。第一是肯定的，知識份子本來就要好好用功讀書，這是正面的價值。第二諷刺的，諷刺知識份子只會「一直」讀書，死讀書、讀書死、書讀死，一個書呆子，和社會米蟲差不多。第三諷刺傳統讀書人「十年寒窗」，為求得功名，好像人生沒有大大意義。第四諷刺現在台灣年輕一代知識份子，光會讀書考試，為考一個公職浪費多年光陰，其他也什麼都不會，沒有創發力，真是沒有希望的一代。第五「**順利進入權力圈……**」，這就諷刺了所有吃公家飯的公務員，只會搞關係，謀求升官，保自己的鐵飯碗，沒有什麼服務精神。

再者，也有自諷、幽自己一默的味道，莫渝自己乃至《華文現代詩》諸君，都是如假包換的知識份子。我們這輩子「一直用功」，展示高成績，只為拿個退休俸，有一口安定的飯吃，莫渝說的正是我們這些人。

最後一段「**目空一切的知識份子**」，知識份子之所以目空一切，孤獨又驕傲，應有兩種情形。一者「知識的執著」，學者所謂「專業」很狹礙，越專精越深入就視野越小，只專一點極小領域，其他是白痴，又自以為是，以為天下皆如他所想。台大校園就有一則笑話，一個動物系學生畢業後，升讀碩士，他專研究鴨子，後又讀博士研究更專精，他專研究鴨翅膀上的毛，多年後他又博士後研究，再專精更小範圍，只研究鴨子左翅膀上的毛，此時他已中年了，不知人生意義何在？知識份子目空一切，另一個原因是掌握權力。政治學有個「鐵律」，「權力使人腐化，絕對權力使人絕對腐化」，我在空大上政治學，有一回在教室隨機做口頭「民意調查」。我問：「給你當五年交通部長，能不貪國家一毛錢的舉手。」教室內在二十多人，無一人敢舉手，這節課就討論貪污問題。

還有，知識份子會目空一切，有的是性格使然，但若得到大權力，腐敗是必然，目空一切也是當然，通常換個位置也會換腦袋，包含這群詩人們，若有一天大權在握，我不相信他的眼睛還會長在原來的位置！

「秘密心底封藏／絕不能掀開或被／揭穿」，這是什麼？不外是走後門的秘密，搞錢的秘密，黑呀！天下最黑的地方就是公堂之上。那些公部門掌權的人，看人五人六，一肚子壞主意，口說仁義道德，一肚子男盜女娼，揭穿了都不能見人。莫渝另有詩〈政府不可信〉、〈走狗〉，真是看得太透了，莫渝寫得好爽，我讀得更爽極了。再看莫渝怎樣說〈詩人〉。（註④）

詩人磨劍

越磨劍越薄
是透明單光紙糊成的紙刀

詩人有劍，看不出芒
劍芒被遮掩
也許早隨落日沉入西天海底

詩人揮劍
瞄不準對方
卻刻意劃傷自己
凌空的氣勢伸向虛無

詩人將劍套進鞘
還發傳單聲明永遠封藏

風雨交加　或者表面國泰民安
詩人的血
跟窗外的天色同樣灰沉
陰冷

不知道什麼原因！古今中外的詩人，要能寫出不朽詩章，成為偉大的詩人，一定是他的生命陷入窮境、困境、絕境、死境，活在不滿、痛苦、反抗的情境中。而後，他的詩才終於偉大了起來。

看看拜倫，從童年的不幸（幼年一腿弄殘）開始，讀大學是學校太保，後來幫希臘和意大利進行革命，惟壯志未酬身先死。他一生不僅自己追求自由，也幫別人追求自由。就在他「富貴不能淫、貧賤不能移、威武不能屈」精神中，哀傷又悒鬱的拜倫，被後世譽為「詩壇上的拿破崙」和「歐洲最偉大的情人」。他的詩，激起歐洲浪漫主義的思潮，引起意大利的文學革命，啟示了第一個用純粹俄文寫詩的普希金。都是被拜倫始終反抗暴力的革命精神而感動影響，他的大無畏精神是他不朽的動力。

莫渝常提到俄國偉大的詩人普希金，他在一八二四年八月，由於詩作諷刺沙皇，歌頌自由，被流放到鄉下勞改。但因鄉下寧靜，人情溫馨，反而激發他的創作動力，使他的作品達到最高境界，成為偉大詩人。

再看雨果，一八五一年底，法國發生政變，拿破崙第三將保皇黨和共和黨拘捕，雨果被放逐出國，過了二十年流亡生活，他的作品才有更深刻的磨練。雨果最輝煌、最熱情的作品，是他懷著復仇和反抗的心，描述法國國民反抗暴君的詩集，成為偉大的史詩。

回頭看看吾國偉大的詩人，屈原、李白、杜甫、李後主……他們作品之所以不朽，都是人到絕境、死境，激發出無限強大的「精神戰力」，作品乃昇華到最高的神聖境界。為什麼古今中外的極品詩章皆如此在極困境中產出？吾國詩論家提出一個「窮而後工」的理論，得以印證了。

莫渝和拜倫都是追求自由的詩人，他也有很多不滿，但相信他的生活沒有太多困境，絕境死境當然也沒有，所以千古不朽的詩篇，可以驚天地、泣鬼神的詩章，當然也尚未產出。但〈詩人〉一詩也頗有看頭，詩人以劍喻筆，以筆當成武器，或者詩人也很想手中握有武器，可以有更大的發揮。第一段「**詩人磨劍／越磨劍越薄**」，原來只是一把「紙刀」，有反諷之意，諷刺詩人無用論，如紙刀之無用。再者，亦有感嘆自己的詩沒有影響力，如紙刀之沒有作用。莫渝在多處文章，期許自己的詩能產生「革命力量」，可惜沒有，如這把紙刀。

第二段「劍芒被遮掩」，可能比喻劍鏽了，或沉入西天海底，這個語意較不明確。第三段比喻詩人永不死心、也永不退縮，持續揮劍（揮筆），就算自傷也無所謂，到了第四段怎麼「封劍」（封筆）了。

最後收尾，詩人以外面灰沉的天色，比喻自己血液的陰冷。這個意象當然是失望的，似乎表示自己寫詩一輩子，並沒有寫出什麼成就，雖是感嘆，也是自謙，人因不滿現狀，而會有更努力的「反作用力」。

末了，再回答（反思）前面的問題，人的價值是「內定」或「外定」，按佛法「人人皆有佛性」，則人人都是一尊佛，價值「生來已定」，這是人要覺悟的。這點若不能覺悟，則你將天天隨外境起舞，終至忘了自己是誰了！

註釋

① 莫渝，〈在自由的氛圍裡寫作〉，《陽光與暗影》（台北：新北市政府，二〇一四年十月）頁一八〇—一八二。

② 莫渝，《陽光與暗影》，頁六六—六七。

③ 同註②，頁六八。

④ 同註②，頁六九。

第四章 莫渝詩中的，社會革命熱情

有史以來，所有的革命，都因是官逼民反，人民生活在水深火熱中，快活不下去了，只好起來革命，推翻統治者。有史以來，統治者不會自己搞革命，自己把自己推翻。故說，所有的革命，都是官逼民反。

就算沒有官逼民反，所有問題也是統治階層要概括承受，而最高領導者便是統治階層的代表，這位代表領導負一切之責。例如，「馬英九偽政府」一切過錯就是馬英九罪該萬死；而「蔡英文政府」時代，一切過錯當然是蔡英文罪該萬死。人民，永無錯誤！人有錯，人民沒有錯！

以近代世界三大革命為例，一九一七年共產革命（因沙皇腐敗）、一九一二年國民革命（因滿清腐敗）、一七八九年法國大革命（皇室腐敗）。所謂統治者腐敗只是一個泛稱，因為這是一種國家社會全面的腐敗、墮落，導至社會完全失去公平正義，人民的痛苦指數達到最高，與其坐待痛若而死，不如起來革命（起初只是造反，演變到全面性造反就是革命）。而這一切革命運動的形成，都是從最早的統治階層腐敗開始，積雪三日非一日之寒，直到人民忍耐不下去，革命氣勢於焉形成了。

但統治階層是卽得利益者，當然希望永保江山，永遠可以位高權重、吃香喝辣。所以，絕不可能容忍造反或革命，會用「法律」來對付人民，大家都知道法律是社會公平正義的最後防線，法律也是人民最後的保障。只是當統治者全面腐敗，社會公平正義也已蕩然不存，法律也壓不住人民的憤怒，造反革命還是會形成氣候。

台灣社會的統治階層到底如何腐敗？社會的公平正義是否存在？台灣的法律能否維持社會的公平正義？藍綠兩陣營人馬論述不同，故我亦不論斷。只從莫渝的詩做觀察，他的〈走狗〉、〈政客〉多少也表示統治階層的腐敗程度，〈政府不可信〉一詩亦是對統治者的絕望。再者，寒冬煙火集幾首詩也揭開一些社會黑暗，總體而言，台灣社會已被莫渝定位為「亂世」，才有〈苟存於亂世篇〉的一些詩作。

台灣社會是不是已經成為亂世？法律是一個值得觀察的指標，我從小就聽媽媽說過，「台灣的法律，有錢辦生，無錢辦死」。所以年輕開始，我對台灣法律就沒信心，現在又如何？莫渝有一首詩寫台灣法律面的情形，從這首詩觀察台灣法律是否已經「破產」？若是，則革命造反氣候遲早會形成。大概是因為這些政治面、法律面的腐敗，慢慢形成莫渝的革命熱情。賞讀〈長袖布袋戲（正義藏在法官袍衣的長袖）〉。（註①）

我們都很循規蹈矩
雷池不敢跨越
稅正常繳

繳學費
繳雜費
繳補習費
繳所得稅
繳營業稅
繳房屋稅
繳土地稅
繳牌照稅

繳燃油稅
繳水費
繳電費
繳罰單

我們安份地繳交所有的稅
供養敬愛的法官大人
幫我們拿好天平

他們穿長袍　有身分
他們正襟危坐
說不得　指責不得
更正視不得（因為：明鏡高高懸）
法官大人袍衣的袖子特別長

袖裡特製別有天地的乾坤
正義不是琵琶別抱
就是藏東轉西
不得正視

法官的衣袖袖特別長
足夠甩脫或逮獲正義

這是一首完全反諷的詩，從字面上看，都是肯定、正面的，沒有民怨的字眼。但語意、語氣一看，大家都知道有很深的民怨，都是很負面的氛圍，這是詩語言的奇妙處，也是詩人要有點功力才行。

好像有史以來，人民都為重稅而痛苦。吾國大唐盛世碰上「安史之亂」，大詩人杜甫也因不得志而痛苦，目睹人民苦於重稅，他在〈兵車行〉寫道：「縣官急索租，租稅從何出。信知生男惡，反是生女好。生女猶得嫁比鄰，生男埋沒隨百草。君不見，青海頭，古來白骨無人收。新鬼煩冤舊鬼哭，天陰雨濕聲啾啾。」台灣現在像大唐安史之亂時期嗎？想必不是，確是鄭成功死後台灣局面的再版。但杜甫這首詩的情境有兩處如莫渝所述的台灣現象，一者重稅，富人可能不覺得，中下階層多苦於重稅。再者，大家開始覺得生女好，生兒子「人財兩失」，生女兒「人財兩得」，為何？我已聽到不少朋友這麼說。

回到〈長袖布袋戲〉一詩，我想這是詩人對台灣法律的「籲天詩錄」，長期以來台灣法律的黑暗，有錢辦生，無錢辦死，法官在外面包養小三、包娼包賭，這樣的頭條新聞可謂常常有，人民怎樣可能對台灣法律有信心。而「明鏡高懸」之下，除了貪腐法官，也儘是「恐龍法官」，這樣的黑暗社會、黑暗法律系統，正是人民造反革命起義的溫牀，這也難怪詩人莫渝滿懷革命熱情。他在二〇一〇年出版的詩集就叫《革命軍》，我印象裡在　國父革命時也有一個刊物叫《革命軍》，都是充滿革命熱情的作品。不過，本文先賞閱莫渝的〈搭高鐵讀《革命社會學》〉一詩。（註②）

軌道都站起來，前進，不斷地前進

高鐵是時間的革命

金錢折換時間
時間值得花錢
有錢老爺更願意如是交易

高鐵是空間的革命
場景快速轉換
個體跳躍移位
動感樂趣的強度猛烈

高鐵是速度的革命
發揮內在改變的本質
建構移動美學
新牌局從此開始

革命　需要付出社會成本

高鐵　讓社會體驗革命的動向

刊登《笠》詩刊二九四期，二〇一三年四月十五日

所有的革命（含和平奪權），那些革命的策動者都要為人民「畫一個大餅」，謂「革命成功後，所有人民從此以後過著幸福美滿的生活」，一九一七共產革命、一九一二國民革命、一七八九法人革命，皆如是。和平奪權也是一樣的道理，有時武力奪權為了成功也要「畫餅」，民主選舉更要「畫餅」，這是最佳騙死人不嘗命的無本生意。詩人莫渝滿懷革命熱情，當然深悟這種「畫餅」原理的妙用，他這首搭高鐵讀《革命社會學》，以二分法技術，建構其革命美學。

首先，第一段一行，「軌道」都站起來了，人民能不站起來嗎？而把「軌道」改成「人民」，便可以用在所有的革命運動中，乃至造反、策動群眾運動、選舉爆動……均可趨使追隨者為你拋頭顱、灑熱血，為你生，為你而死，只要你「畫的餅」夠大夠美麗。那麼，這一行改成「**人民都站起來，前進，不斷地前進**」，好用啊！就這樣的情境，我想到一個女人在這樣的情境，把自己的名字改了，也險些改變了台灣，影響兩岸可能達百年之久。

困擾台灣會達百年之久的一個女人，名叫「謝氏阿女」，大家都說她是「二二八事件」製造者與領導者。她年輕時加入共產黨，被派往蘇聯留學，有一回她看一部影片，共黨領導人民推翻沙皇。那場景在冰天白雪地裡，人民組成的敢死隊，一波波勇於赴死，紅色的血染紅了白雪大地，影片中有聲音，「人民都站起來，前進，不斷地前進！」謝氏阿女深受感動，把自己名字改了，叫「謝雪紅」。（註③）她的目標是啟動台灣革命，脫離倭人（日本）竊據，完成「台灣自治」，她並不主張台灣獨立，主張台灣仍是中國一個「省」的地位，有高度自治權。

莫渝這《革命社會學》可能是一本書，詩的第一行不僅有鼓動力量，而且放於四海可準，只要群眾運動皆可用，不論那一類型的群眾運動，皆可高呼：人民都站起來，前進，不斷地前進……

中間的三段，以高鐵的時間、空間、速度三種革命，詩寫呼籲人民，革命之後，所有人民都像坐高鐵那樣舒服，讓人產生「從此以後過著幸福美滿的日子」誘因。也等於利用高鐵為人民畫一個「大餅」，而且高鐵的「具象」更容易啟動人心，讓人想要追隨你去革命。

最後兩行，詩人企圖進一步說服人民，革命要付出社會成本，而這些成本的付出是值得的，只要人民站起來，前進，革命！推翻現在這個貪污腐化、不公不義、不顧人民死活、騎在人民頭上灑尿、政治吃人、法律吃人……的黑暗政府，明天人人如乘高鐵那般舒服，永遠過著幸福美滿的日子……

我不得不說莫渝建構的「革命美學」，非常能夠鼓動人心。就詩論詩，以二分法拉大「革命前」和「革命後」的落差，產生強烈的撞擊，結構布局都極為成功。滿懷革命熱情的莫渝，可能經常想像自己就是一個革命者，如另一首〈革命軍的貓〉（註④）

革命軍暗夜遣送訓練忠誠的單兵貓同志
深入對方
偷戰備情資
偷行動手冊
偷集合定點
偷腕錶時間
偷化妝品

偷面具
臨走之際
順手掏取蹦跳鮮艷的紅心

歸來
獲頒高級水晶製「赤膽精靈」勳章

二〇一三年七月八日

這是莫渝在《陽光與暗影》詩集中，一系列「貓詩」作品之一，〈革命軍的貓〉當然是超現實，象徵想像之作，這「貓」是誰？可以是貓、非貓，是任何人或作者自己。詩中各情節都很合理、唯「偷化妝品」很不合理，不知從何而解？像偷女人內褲奶罩差不多，降低了這首詩的格調。所以，「偷化妝品」這句刪掉，改偷別的軍品或許較適合。例如，可以偷彈藥，偷武器裝備，乃至偷「人」皆好。

回到本文前述，台灣是否已處於亂世？若是，是否表示台灣社會已具備革命環境？先談前者。先要定義「亂世」，到底亂到何種程度才叫「亂世」？這顯然是眾說紛云，不會有共識，故不定義。可從比擬（類似比較）來看，這也是很接近「自由心證」，因為每個人的歷史素養深淺不一定，可能史觀也不同，至少有個「相對比較」，有相對標準可以評估。據我按中西歷史各朝代的社會觀察，台灣現狀就像羅馬帝國、奧匈帝國滅亡前數十年，又像吾國唐末、宋末、元末、明末、清末，這些將要亡朝的前數十年，已經很亂，而未到最亂。若統獨鬥爭再搞下去，很快可以到達「亂世」狀態。所以，我認為莫渝「苟存於亂世」篇章，只是詩語言的「亂世」，不是實質上的亂世，他只是一種感概！我亦認為，目前的台灣尚非亂世，惟距亂世不遠，這是中國歷史的必然，台灣人民的共業。

另一個問題，是台灣社會是否已具備革命環境，我以政治研究的專長認定，台灣目前不具備革命環境，除非爆發意外政治或社會事件。例如，台獨再搞下去，必然引起「王師南征」的合法性，而爆發「統一之戰」，中共以武力完成中國之統一；但「統一戰爭」的相對面，獨派也必然要發動「獨立革命」戰爭。

註釋

① 莫渝，《陽光與暗影》（台北：新北市政府文化局，二〇一四年十月），頁一二二

一一三。

② 同註①，頁一一九。

③ 幾年前，筆者應復興廣播電台邀請，以約半年時間，每週一講（二小時），講謝雪紅的故事。後整理講稿，出版《奴婢妾匪到革命家之路：復興廣播電台謝雪紅訪講錄》（台北：文史哲出版社，二〇一四年二月），本書約二十餘萬字，六百多頁。

④ 同註①，頁一四二。

第五章 〈濕地〉，及一些土地的故事

莫渝是一個深耕本土的詩人，在全台灣我尚未見過有那位詩人，對於台灣本土文學的著力，有這麼多的大著出版（詳見第一章）。除了第三世界和若干外國譯作，數十種出版品都是台灣本土文學。難怪那位叫楊風的作者，在〈走入春雨：我讀莫渝的詩集〉一文說道，莫渝詩充滿對台灣這塊土地的熱愛，他走遍詩的世界，他始終航向台灣，航向他的故鄉。（註①）我手上沒有《走入春雨》這文本，據楊風在該文的介紹，輯一〈陽光山麓・二〇〇七〉、輯二〈走入春雨・二〇〇八〉、輯三〈臺灣的傷口〉、輯四〈等待晚餐〉，所述盡是台灣，台灣山川土地人文，台灣傷痛而深遠的歷史。

台灣的傷痛歷史，說之不盡，書之無窮，歷來都是各類研究書寫的好材料。是非對錯功過也永遠沒有定論，如何詮釋某一歷史，也完全沒有所謂「客觀公正」，而是

柯文哲：350年前台灣就已精神錯亂

中國時報.2016.9.11.A4

曾薏蘋／台北報導

前監委黃煌雄創辦的台灣研究基金會昨天舉辦「台灣的悲愴年代─從皇民化到二二八事件」研討會，他在會中指出，從皇民化到二二八之間的台灣悲愴年代，阻隔台灣近代史和現代史，讓三代百年的台灣史無法有效連結。以二二八受難遺族身分與會的北市長柯文哲則說，台灣在350年前就已精神錯亂，鄭成功則是台灣350年前精神錯亂的代表，還領有海盜執照。

鄭成功是錯亂代表

昨天研討會由國史館長吳密察主持，黃煌雄擔任主講人，並由柯文哲及台中市長林佳龍擔任與談人，以二戰結束後的台灣歷史為主題進行對話。

柯文哲說，鄭成功是台灣精神錯亂代表，google輸入鄭成功，有兩種造型，一種是中國人，另一種是日本人；但他到底是日本人或中國人？大學生或軍？海盜或官兵？「這些都對」，鄭的家人一部分歸順清廷，另一部分效忠明朝。

柯文哲表示，鄭成功政權當時對要打中國或打呂宋島，內部也有爭辯，假設他多活10年，又採取兩向政策真的打下呂宋，則會出現兩個中國，一個是「大陸中國」，另一個叫「海洋中國」。

自我調侃是突變種

柯文哲也說，他在醫學院裡念心理學，知道個性是會遺傳的，「比較乖的狗跟比較乖的狗交配，生下的狗會更乖」，會反抗的台灣人一直被殺、一直被殺，剩下都是比較乖的，「所以，順民跟順民結婚，生下就是更順民」。

每一代台灣人常常被迫自我侮辱、自我摧殘，才能在新時代活下去，他的祖父就是最典型代表。「不過人家說，那你是什麼？我說我是突變種」。

柯文哲認為，台灣是苦悶的民族，小時候看歌仔戲，都是被後母苦毒劇情，連歌曲也是，例如燒肉粽，歌詞就凸顯出失業很嚴重，直到「愛拼才會贏」的歌出來才開始振奮，「就像我們的民族英雄是廖添丁，為何不是羅賓漢，顯示我們是悲苦的民族」。

結束悲愴走向巔峰

黃煌雄則表示，台灣從1920年代發展近代民族主義的黃金十年，走入1930年代中期至1950年代的悲愴年代，歷經戒嚴歲月，成為沒有國家也沒有民族的人，但台灣堅韌的生命力，讓這段歷史從表面上看來已走到終結，後人將從台灣開創的民主年代中，越過當年的黃金歲月走向巔峰。

北市長柯文哲（左起）、台灣研究基金會創辦人黃煌雄、台中市長林佳龍昨出席「台灣的悲愴年代」研討會。（姚志平攝）

視寫作者的喜好和需要，這大概就叫「亂」吧！

最近有一場學術研討會，〈台灣的悲愴年代：從皇民化到二二八事件〉，把台灣的傷痛追本溯源上推到鄭成功（如剪報資料）。而柯文哲自我調侃是「突變種」，他還從醫學理論詮釋個性的遺傳，「比較乖的狗和比較乖的狗交配，生下的狗會更乖」，會反抗的台灣人一直被殺、一直被殺，剩下的都是比較乖的，「所以，順民跟順民結婚，生下就是更順民。」若柯文哲理論可靠，台灣的革命氣候就永遠沒機會形成了。

我等身為詩人的，造反無膽，革命無力（也沒機會），只能寫寫詩，無語問青天，表達對自己土地的關懷。我想莫渝有更強烈的關懷作品，但現在我僅從《陽光與暗影》詩集賞讀，這本詩集除了少數詩寫倭國（日本）外，大多和台灣土地人文歷史有關，如〈濕地〉。（註②）

濕地

我們的家園美麗的國土
我們的國土
全民的土地
大家都可以自由享用

一片濕地
我們不住
更多的生物嚮往
牠們他們呼朋拉友

瞧
海星
海膽
招潮蟹

一首平常又可愛的小詩，但傳達一個重要的觀念，人們不須要把所有土地開發出來，佔為己有，只給少數人使用。因為土地上不是只有人類有居住權，其他生物也有居住和生存權，這就是佛教經常在傳揚的「眾生平等」的觀念。就是不談宗教，至少站在環保和保育上，人類也應該保住更多的自然生態。

可能很多人已聽過「地球第六次大滅絕」，而且已成「不可逆」，這是很可怕的。這種大滅絕就是起因於人類的工業化、資本主義化，過度生產和消費，極可能連人類也走上滅亡之路。〈濕地〉體現詩人的眾生平等觀，也很有環保概念，另一首〈買一塊濕地〉。（註③）

一塊濕地

不蓋房舍
不犁土作田
供養我們叫不出名字的朋友
共住

沒有圍牆
沒有藩籬
與大海相鄰相連
與陸地相鄰相連
邀請日出晚霞

二〇一一年三月六日

更積極的做法，是參與一個組織，買下一塊濕地，可永保不被開發，目前台灣已有這種民間組織，呼籲大家出錢出力，以更有效方法保護濕地。除了環保觀念，這首詩也展現一種境界，人與自然眾生同在共住，大家都是朋友這是詩人的心胸。能邀請日出晚霞，讓這現實主義詩人，也有些浪漫主義情懷。本來嘛！人生苦短，何必一顆心始終掛在現實環境和處境上，現實是很殘忍的，台灣的傷痛寫不完，越寫人越不快樂，越寫人生越孤獨。宇宙世界一切人事，都各有因緣，現在台灣人的「果」，也是往昔台灣人自播的「因」而成，說白了，自作自受！上代人造惡因，後代人收惡果！

所以，有時人要跳脫現實，看清因緣果報，才能隨緣自在。一個人能自在就可以偶爾浪漫一下，不必一輩子把整個天下的安危扛在肩上，詩人朋友們以為然否？下面這首〈國土或者藩籬〉，也是土地關懷，多了相對論述，可以給讀者做比較。（註④）

〈國土或者藩籬〉一詩，創作者刻意做了安排，可以當兩首詩讀，也可以是一首詩；讀的方式可由上往下，也可先左後右（如：我們的國土↓他們的藩籬……）。當成相對比照來讀，可以同時展示兩種正反不同情境。

左邊「我們的國土」是環保的、美善的；而右邊「他們的藩籬」是違反環保的、邪惡的。一邊大概是一塊自然濕地，在海岸邊，人們自由散步看夕陽；另一邊可能是管制嚴密的化學大工廠，日夜吐著黑煙。

國土或者藩籬

2011.03.22

我們的國土
我們的開放的綿長海岸
我們自在地看日出
賞晚霞

我們任意漫步
沙灘細柔　陽光燦爛
嘻鬧聲不絕

善良的漁民
放牧漁船於海波間

潮間帶生機蓬勃
寄居蟹忙著尋介殼

是國土
栽種自由的夢與希望

他們的藩籬
他們的把關的緊密工廠
他們東禁西圍南蛇龍
北蒺藜

他們閒人勿進，處處吠犬聲
整天需要日光燈照射修剪的草地
草地整齊美麗　空氣陰森

仁慈的惡棍
加速管制　出入需驗證按指紋

煙囪日夜吐納不停息
貨車頻繁　出口要賺外匯

築藩籬
灑播約束的品種和犧牲

刊登《笠》詩刊 284 期 2011.08.15

詩人對台灣這塊土地的關懷，到了無限上綱的境界，他應有很特別的生活背景和環境。就像這首詩，將美善和罪惡同時並陳，無非是想要給讀者較大的撞擊力，以產生反省、反映的力道。詩人用心良苦啊！吾人豈能不受感動，未來應支持濕地保護，對環保也應該更能身體力行，使台灣這塊彈丸之地，也能讓子孫永享美景。再欣賞一首〈絕美的夕陽〉。（註⑤）

雨走後
水墨般濃不一的積卷雲層仍在
西邊太陽終於露臉
露臉　又躲
把光留給周邊
周邊的光　拓散
成彩霞

絕美的夕陽

一寸一寸流失
直等黑暗收留

二〇一一年五月十七日

這首寫夕陽美景，也隱涵對土地的關懷。絕美的夕陽為何一寸一寸流失？因為大地過度開發，大樓一棟棟，天際線不見了，空污也使藍天不見了，夕陽也就不見了。最後，大家都直等黑暗收留。

從宏觀的視野看，環保是全球性議題，全人類的共同命運，並非台灣一地問題。若整個地球毀了，相信沒有任何地方可「獨善其身」！

註釋

① 楊風，〈走入春雨：我讀莫渝的詩集〉，莫渝，《陽光與暗影》（台北：新北市政府文化局，二〇一四年十月），頁一八六—一九一。

② 莫渝，《陽光與暗影》，頁三七。

③ 同註②，頁三八。

④ 同註②，頁三九。

⑤ 同註②，頁四三。

第六章　賞讀莫渝幾首情詩，兼比較賞讀徐志摩情詩

幾年前，我突發妙思，研究很多詩人的情詩。結果發現一個「普遍性現象」，寫情詩的絕大多數是男詩人，敢寫也敢發表。而女詩人幾乎不寫情（指發表的），若她有寫（如只在日記寫或寫了不發表），外人亦不得而知。對於兩性之間有這麼大落差，如何解釋？照理說「女人多情」，應是寫情詩的能手！

唯一可解的，只有從生物學、進化論去解釋。第一女性較含蓄、被動，就像吾等年輕時追「馬子」，都是男孩主動表示，女孩才會被動接受。所以男性敢於公開示愛，女性通常不敢。台灣詩壇上經常有男詩人公開發表情詩，向某女詩人示愛，而女詩人則無回應（是否私下回應不知）。這種情形，有在注意台灣各詩刊的人，不難發現一些「愛

的故事」。

第二是生物進化過程中，雄性對雌性的「性需求」較大較多，觀察其他生物（象、獅、犬……）皆如是，雄性不擇手段（打架）以獲得和雌性交配的機會；反之，雌性不一定想要交配。這是進化基因使然，人類也不可能完全去除這種基因，從老祖先猿類一直傳到人類，都保住這個「優良的文化傳統」。於是，男人一生始終想要有「情人、天命情人、紅粉知己」，這是他生存的重要意義之一，是生命的重要動力，甚至是創作的泉源。西方精神分析心理學就有個主張，認為「Libido」是生命和創作的動力，而男性在這方面表現最為傑出，偉大的情詩幾乎全在「性的法力」下產出，如徐志摩的情詩，說是「性的產物」不為過，但吾人總加以美化，謂之愛情也；反觀女性，未見有表現傑出者。

又於是，有此一說，「男人不能沒有女人，而女人可以不要男人」，或許也是，但絕非「普遍皆如是」。這些「準理論」同樣也檢驗到詩壇所有詩人，所有我認識的男詩人都寫過情詩，很多還有情詩專輯出版。而我所認識的女詩人（含知道），則未見敢公開出版情詩專詩，連發表一首亦不為也！

兩性感情世界最有趣、最奇妙、最有吸引力，君不見那《壹周刊》等雜誌，打開全本盡是兩性話題。是故，兩性關係自古以來就是一切創作的主流題目，其中以描寫愛情最有境界，西方如《神曲》、《奧德賽》皆是永恆的經典。在研究《華文現代詩》諸君子淑女的詩作，我會從他們藏在詩中「愛的故事」，一一揭開真相，以饗讀者。早在一、兩年前，我讀莫渝的作品，找不到一絲「女人的影子」，原來他是一位客觀書寫手。但在《陽光與暗影》詩集還是有幾首情詩，他終究是「一頭壯碩的雄性生物」，一個大男人，怎能沒有一位「情人」？賞讀〈珍藏一粒相思〉。（註①）

難以啟齒的情愫
無色無形的相思
都拋向空氣中　對染
傳遞

傳輸予誰　誰能愛染
自知卻未明
焦灼也淡定

純真原愛　滯留又漩滾
終至凝成堅實的心型紅豆
鮮麗似血　明亮如珠

紅鑽的摰愛
私藏小小一粒
永世珍惜

二〇一二年七月五日

情詩可以大辣辣的寫，但兩性情到深處，有最深刻的感覺是「難以啟齒的情愫」，文字語言難以表達，有如禪宗，必須「心有靈犀一點通」，就能以心傳心，兩人認識到這個境界，大概可以互為「天命情人」。這是很少有的機緣，大多一陣相思（甚至只是單相思），就拋向空氣中，空留回憶，「自知卻未明／焦灼也淡定」，要擁有一個真命情人，難啊！就是短暫擁有也是不易！

情人是不容易獲得的珍寶，難以獲得，可以想像，謂之夢中情人，對待夢中情人依然可以很熱情，就像沒有革命機會卻能有革命熱情。可以想像「純真原愛」，對著那顆紅豆回憶當初一段戀情，可能是男人的初戀，從此把她藏在心中，永世珍惜，也是人生的一種美。若是兩人走在〈相思道〉上，是兩人人生最美的自我實現，很多人都有此經驗。（註②）

戀愛的兩人走在相思道
看前方：情思綿綿
豆潤豔紅　無法切割

牽手的伴侶走在相思道
回頭瞧：繾綣蜜意
蓊鬱枝葉　交錯糾膩

悠閒單人走在相思道

許願　祈禱
尋求缺席者或為己

一生一世的單程道啊
鋪滿刻骨銘心的甘願迴文詩
有時攜手同遊　更多囈語

二〇一二年七月五日

這應該是一首「造境」之作，四段是四種不同情境。相思道可以是真實的一條「相思道」，也可以只是一個意象、想像。詩人有過相思，不確定是四種中的那一種，不論那一種，都是美的回憶，能相思就是一種美，有的人還沒機會相思呢！

第一種兩人在戀愛中，這該是兩性戀情最甜蜜的時段，因為結果只有兩個，一者失戀是傷心的，二者修正正果後，一夜間李小姐變張太太就不好玩了。所以，戀愛中人最甜蜜，「看前方：情思綿綿／豆潤豔紅　無法切割」，情思綿綿，情詩也綿綿。男人給女人的情詩，在這個階段寫出最為感動，也最「完美」，婚後就不寫情詩了，偶有也是

「應酬」，婚後的「情詩」多不能看。

第二種「牽手的伴侶」已是婚後，晚餐後出來散散步吧！已經不再浪漫了，不能往前看，只能回憶往昔戀情的甜蜜。所以現在，「**回頭瞧：繾綣蜜意／蓊鬱枝葉　交錯糾纏**」。難怪西方人說，「婚姻是愛情的墳墓」，東方難到不是嗎？

第三種是「單身貴族」走在相思道上，希望找到另一半。據說現在已有一種行業，專出租「情人」，所以一時間想要一個情人是方便多了，但那能叫情人嗎？

第四段有比較寬廣的解讀，可比喻人生的相思道，也可隱喻人生單程道。我們人生都是單程，只能向前走到終點站，沒有回程路，在這一生一世，你定有不少刻骨銘心的相思。整體欣賞這首詩，除結構嚴謹外，最大的價值是寫出了「普遍性」，也就是每一個人來讀這首詩，都可以擁有與自己相契合的情境，而引起共鳴或受到感動。再賞讀〈一縷光　戀之迷〉。（註③）

小小一粒隨身物
沒有期限的閃亮與冀望
克拉無從計算

數據難以衡量

一縷光
盡讓無言幅射
閃現不曾說出的
戀之迷

畢竟，不褪色的鮮紅
都是相思的凝晶

二〇一二年七月二十日

感「物」而「興」的詩創作，可謂是中國詩人古今都有的專長。如李白〈靜夜思〉、杜甫〈春望〉、白居易〈惜牡丹花〉、李商隱〈花下醉〉等都是，乃至〈古詩〉：「青青河畔草，鬱鬱園中柳……」亦是。物之有情，是詩人主觀情感觀照的結果。〈一縷光戀之迷〉一詩，透過一粒相思豆的觀照和想像，除了頌揚其價值不可衡量，想像隱藏其中的戀情。但詩從頭到尾並未提到「相思豆」，這是一種詩的技巧，使其含蓄並給人更多想像空間。但〈芳華剎那〉一詩，可能藏著詩人「愛情觀」的秘密。（註④）

剎那決定一切

瞬間閃念的轉轍
方向一經改變
行動隨之

曇花一現的美麗
瞬間即空

空留悵然

以上四首「紅豆愛染」，刊《笠》詩刊，二〇一三年二月十五日在現實環境裡，人人都想得到愛情，但愛情極為「短命」，又比熊貓、金絲猴等稀有。就算擁有「天命情人」，能維持的時間也不長，頂多兩年也散伙了，至少曾經擁有。所以詩人早已悟到愛情「瞬息即空／空留悵然」，根本不想浪費時間去追求，把時間全用來寫作，才有如此驚人數量的著作出版（見第一章）。這或許是莫渝的「情詩」中，沒有「情人」的原因，他的情詩像第三者觀察別人在談戀愛，以第三者立場寫人家的戀情，想像一些淡淡的相思。

據聞，最好最成功的情詩，要具備「野、媚、俏」三個元素，民國以來被眾多詩評家認為是情詩「聖手」，正是徐志摩。他的情詩本身具有獨立的意義，很有鼓動、鼓舞的能量，又有普遍性作用與積極的浪漫精神。這種內涵的情詩，不論誰看了，都「具有引起行動之誘力」。（註⑤）換言之，不論那位女子，只要看了徐志摩的情詩，就會產生和他私奔的「誘力」，這多「可怕」！賞讀一首〈這是一個懦怯的世界〉。（註⑥）

這是一個懦怯的世界：

容不得戀愛，容不得戀愛！

披散你的滿頭髮，
赤露你的一雙腳，
　跟著我來，我的戀愛，
拋棄這個世界
殉我們的戀愛！

我拉著你的手，
愛，你跟著我走；
　聽憑荊棘把我們的腳心刺透，
　聽憑冰雹劈破我們的頭，
你跟著我走，
我拉著你的手，
　逃出了牢籠，恢復我們的自由！

跟著我來，

我的戀愛！
人間已經掉落在我們的後背——
看呀，這不是白茫茫的大海？
白茫茫的大海，
白茫茫的大海，
　無邊的自由，我與你戀愛！

順著我的指頭看，
那天邊一小星的藍——
　那是一座島，島上有青草，
鮮花，美麗的走獸與飛鳥；
快上這輕快的小艇，
走到那理想的天庭——
戀愛，歡欣，自由——辭別了人間，永遠！

〈這是一個懦怯的世界〉一詩，在一九二五年的《志摩的詩》初版中列為全書第一首，可能作於一九二四年，他是這年夏認識陸小曼，兩人墜入愛河而為眾親友反對。當時兩人都已是人夫人妻，兩人終究排除萬難也結婚了。但才一結婚不久，「志摩馬上便有了幻滅之感。這才是真正他的悲劇性格。」（註⑦）實際上這也是「愛情的悲劇」，愛情的短暫是必然的，莫渝〈芳華剎那〉一詩，感悟「**曇花一現的美麗／瞬息即空／／空留悵然**」，真是揭開了愛情的「實相」。

列舉徐志摩這首情詩，主要是做一種比較賞讀，相思也好，愛情也罷，相信都是Libido在作怪，但所產生的「引誘力」可能因人而異，現代女生讀徐志摩這首詩，有多少會想要「私奔」的！

再者，社會潮流環境可能影響很大。民初的社會環境，女人經濟力弱，兩性觀還很保守，到了現在的台灣社會，女人比天大啊！又流行不婚，女人的經濟力很強，她敢說不要男人了，讀情詩何用？

本文賞讀了四首莫渝詩寫愛情的情詩，內涵上在相思的層面，總覺得有情詩而沒有「情人」。其實，我是把莫渝的情人請來當壓箱寶，莫渝是有情人的，只是他也驗證了古今中外愛情的短暫，不管「天命情人」或「情人」，都只能暫時擁有。曾經擁有，已

算幸福，可以有個永久回憶的「夢中情人」。賞讀〈火焰玫瑰〉。（註⑧）

火紅玫瑰　奪目的花瓣
燃燒著土地的深情

寒冬未盡
春日迫不及待越過圍籬
靠近我那已在遠方的情人坐過的窗沿
瞬間
荒蕪的田畝塗染蓬顏彩

瓣瓣血豔
足以焚燙任何季節
離開後　伊刻意變身
留下詩與愛的赤裸心聲

我是北國頹廢男
摟住一時難得的溫暖
獨自咀嚼日夜波濤洶湧的牽思

二〇一二年二月十六日

有情人可以回憶真好（很多人是沒有的），就算她已成「夢中情人」或白日夢，還是很爽的，男人大多如是，女人應也差不多（部份則很絕情）。男人絕情的很少，所以男人會永懷曾經有過的情人，初戀情人更絕不會忘記！

「火紅玫瑰　奪目的花瓣」形容情人的美麗動人，不僅有美麗的視覺享受，更有深情。第二段詩人坐在窗前回憶戀情，瞬間，荒蕪的田畝即刻「回春」，真有此功效。第三段情變以後的感傷，最後北國頹廢男只能獨自回首這段相思情，也算難得的溫暖。

註　釋

① 莫渝，《陽光與暗影》（台北：新北市政府文化局，二〇一四年十月），頁八六。

② 同註①，頁八七。

③ 同註①，頁八八。

④ 同註①，頁八九。

⑤ 高準，《中國大陸新詩評析》（台北：文史哲出版社，民國七十七年九月），頁九二—九三。

⑥ 徐志摩詩選，《我是天空裡的一片雲》（台北：格林文化，二〇〇〇年六月），頁三五—三六。

⑦ 劉心皇，《徐志摩與陸小曼》（台北：大漢出版社，民國六十七年八月十五日二版），頁一五七。

⑧ 同註①，頁七三。

第七章 〈十月旗語〉中國苦難與台灣悲情的意象化

莫渝在《陽光與暗影》詩集，〈十月旗語〉有二帖詩作，寫的是每年十月間，「中華民國國旗」才不得已的，有如小三露臉，出來證明一下自己的存在。但統獨兩陣營對這面旗子有愛恨不同情節，獨派的人痛恨它、咒詛它，只想消滅它，現在只把它工具化的利用。統派的人愛它、保護它，越來越無力感！

啊！「國旗」，你已被台獨份子污名化，現在你沒有身份、地位，你連小三都不如；小三雖無身份地位，至少是得寵的，而你擺明是被利用的工具。台獨份子只會傷你、幹你、負你，利用完了就把你丟了，「**踐踏棄地／不如蟑螂**」。國旗啊！獨派的人只想肏你，統派已無力保護你，你命好苦啊！誰來救救你！

勿論統獨，這終究是台灣悲情、台灣悲劇，但這些和近百年來的中國苦難是一掛的。中國如果始終繁榮強盛，歷史就不會出現「台灣問題」，當然也就沒有台灣悲情，沒有台灣悲劇。所以莫渝的〈十月旗語〉之悲歌，首先要追本溯源，談談造成這些悲歌的源頭問題。

第一、滿清衰弱、割讓台灣。清末的衰弱，自強運動是直接原因，同時進行現代化運動的中倭（日）兩國，倭人是從根本改革，建立現代化國家系統，因而強盛。吾國只在枝節上計較，沒有改革深度，領導階層完全沒有國際觀（如慈禧太后，把海軍經費拿去造私人花園）。當十八、十九世紀，西洋各國都在突飛猛進，只有吾國在不斷衰敗，當然成了被侵略的對象，中倭一戰輸了，只好割讓台灣。五十年後雖又收回台灣，但一定有天大的後遺症，許多人已被皇民化。必然會禍害至少百年以上（後述）。

再說滿清改革失敗，還有更高層次的問題。吾國自古以來是「陸國思想」，自以為是天下之中心，且吾國大地有人民維生的一切資源，也沒有積極的「向洋思想」。當封建、保守的「陸國思想」，碰上如狼似虎的「海國思想」列強，也只好割地賠款了，割台必然會種下百年禍害，台灣的遺毒必然就是中國之問題，也就是台灣內部統獨之爭，就是大家所說的兩岸問題。

日本竊據台灣必然造成的遺毒（禍害）：（一）很多人被皇民化（洗腦），這會影響他們的第二、三代，至今台灣很多人仍心向「殖民母國」。（二）倭人戰敗回國，但他們有計劃的把大筆財產轉移給親日本份子，戰後成了大財主，他們的第二、三代當然也心向日本。現在的李登輝、蔡英文都是（一）（二）項的得利者，口口聲聲他們「不是中國人」。（三）在前兩項影響下，以李登輝為首的台獨份子，用二十年的政治操弄，也至少有幾百萬人（綠營、獨派）被毒害，也聲稱自己不是中國人，不是炎黃子孫。

所以，滿清割台，倭國殖民，其禍害不僅延續到現在，在未來數十年仍將使兩岸動盪不安，直到最後中國再一次完成統一。統一後遺毒也不會全部消失，因為有一群人必然仍在搞分裂，永無安寧！所以，「台灣人」的悲情，幾乎是永恆的！

第二、共產主義流行、中國被赤化、國民黨輸了是歷史的必然。若大陸不丟，不會有現在的台灣問題。所以，二十世紀共產主義的流行，也是台灣問題的源頭，當年共產主義的流行，完全就是前些日子「太陽花」擴大千萬倍規模，在大陸各城市如風倦殘雲般吸引青年人。凡是不信仰共產主義者，皆被打成封建、落伍、腐敗的對像，一定就被鬥臭、鬥垮。所以，台灣的苦難是人民自找自受，也是共業；而中國的苦難，也是人民自找自受，是全民的共業，這就是因果。

但共產主義為何在中國流行?而不在英美等資本主義社會流行，還是有些根本性原因。其一、晚清到民國的衰弱貧窮和動亂，是共產主義的溫牀。（前項略說、不述）其二、所謂「辛亥革命」，其實是「不完全革命」，民國建立，其成就是民族的，民權和民生則落空很多，連國民黨內部很多人都認為理想太高，不適中國之用。這也是孫中山先生不勝痛心疾首之處，三民主義不被國人普遍接受，更給共產主義機會了。其三、蘇聯共產國際用心移植，消滅資本主義，全球解放本是共產國際總目標，但從那裡開始下手?早在一九一二年，列寧在《涅瓦明星報》發表〈中國的民主主義與民粹主義〉一文，開始構想以孫中山領導的組織為母體，將共產黨移植進去，再用共產主義修正孫文主義，以後發生的事識者都知道。（註①）

到一九二〇年列寧在「東方民族會議」，發表〈巴庫宣言〉，指稱到歐洲之路是經過亞洲，北京是去巴黎的大門。言下之意，赤化了中國，其他都會很順利。此後，驚天動地的大事在中國發生，後遺症（造成中國分裂、二二八、台灣悲情等），在未來五十年（即本世紀中葉）未必能收拾的乾淨!

第三、美倭陰謀製造中國永久分裂。導至中國的分裂，除了內部因素（內戰、割據、貧窮），外部因素有三大惡勢力：（一）日本欲消滅中國的「民族天命」最可怕，（二）

蘇聯領導的國際共黨最可惡，（三）美國的「冷水煮青蛙」最可痛。以上三大惡勢力，中俄目前已是「戰略伙伴關係」，未來百餘年內應無顧慮。而倭國早在豐臣秀吉時代（我國明萬曆年間），製訂消滅中國、朝鮮的「民族使命」，欲統一中朝完成「大日本國」，先後發動三次「滅華之戰」，明萬歷七年之戰、甲午戰、民國八年之戰。日本現在仍積極準備「第四次滅華之戰」，但此戰可能是倭人亡國之戰，我早已著書立說，主張本世紀中葉前後，中國應握機以五顆核武，消滅倭人這個地球上最邪惡的民族，收該列島為「中國扶桑省」。

現在的倭國，完全是美國人的走狗（蔡英文政權也是），若無老美撐腰，倭人和台獨會乖得像一隻「北京狗」。但倭人的時代過了，老美強盛時代已入夕陽，未來是中國人的時代，如馬雲說的「全球中國化」。當全球中國化了，台獨份子要「化」什麼？

在深入理解莫渝〈十月旗語〉詩作，我有感於當前台灣悲情（台獨悲歌、九二掙扎等），其實和中國近現代苦難是一掛的，分不開的。為追蹤苦難的源頭，我先陳述以上三大論點，也有人追源到鄭成功，當然亦可，「因果」是不滅的，只要種了「因」，不論多久「果」必然會出現。首先賞讀〈十月旗語〉二帖之一，〈顯隱篇：後現代主義的搖擺〉。（註②）

季節遞嬗，街頭異象突現
許多的新鮮血色湧入半頹廢的城市
許多的豔紅跟著風
飄揚　招展

有權力的政客感染了
感染到現代詩顯隱症候群
有嘴巴的政客傳染了
傳染到後現代拼貼胡湊的搖擺模式
旗，一面旗
沒有他的天空
大部份歲月躲起來

趁十月高秋時節

避免晦澀加重
出來透透氣
地球表層的空氣
還有足夠的氧氣
供
尚存一息的旗幟，呼吸
降低霉味

二〇一一年十月二日

「後現代」一詞在二十多年前，政治社會領域學術界很流行，大致是對現代化、現代主義等之反動、反省、反思。文學上使用「後現代」，較無明確界定，這正合文學語言的歧義性，如這十月旗語，也是兩岸各表。就算彈丸之地的台灣小島，仍是南北各表，是故我早已主張並鼓吹，台灣應以濁水溪或台中某東西之線，劃分兩北兩國，各自獨立，各自選舉南北兩國的領導。北部可保留「中華民國」之名，南部任由台獨份子取名，如「高雄民主國」也很好，這樣以後就不用打架了。

第一段，十月一到，城市街頭風景全變了，「新鮮血色」指國旗，為何「新鮮」？因為平時不露臉，十月突然一見就很新鮮。國旗為何不能露臉？最原始的源頭是前面所述三大論點，於是現在國旗出不了門（國門），在外面的世界被封殺了；就是在家裡，也有一半人天天在污辱她、說要消滅它，可憐啊國旗，妳現在地位不如小三！就算小五、小六，可能還排不上！我不盡想要為你唱一首老台灣人唱的歌：「我命苦，我命苦！……」

第二段，可悲的，這面國旗護著一群政客，這些政客也是連「客兄」都不如，「**感染到現代詩顯隱症候群**」和「**後現代拼貼胡湊的搖擺模式**」，說白了，這兩種「政客癌症」，就是騙死人不嘗命，這又和現代詩何干？幹嘛叫現代詩「陪葬」，豈非說詩人如政客。從詩語言來觀察，傳統詩如「白髮三千丈」等，現代詩如「伸手一抓就是鳥聲」等句，不也是騙死人不嘗命。就是莫渝〈童話告急〉，「**點燃第一根火柴／看到101高樓飄浮的魅影**」詩句，更是騙死天下人，一根火柴有這麼大的亮度嗎？簡直是「騙笑也」（台語發音）。若要舉筆者自己的詩句，更是不知要騙死多少人！不忍一述。

政客的話為什麼不能聽？說來說去怪「國旗」，照理說國旗要受全民尊敬的，任誰見了都要行禮致敬，所有公職人員含領導，都要行禮宣誓就職。但現在國旗含所代表的「中華民國」，全都淪落到小三不如的地位，對小三講話要負責嗎？何況政客都「幹」

小三才有收視率的，有怎樣的人民就有怎樣的政客！

種種因素加起來的結果，「旗，一面旗／沒有他的天空／大部份歲月躲起來」。好慘！旗啊！妳本來有一千一百萬平方公里的天空大地，現在剩三萬多平方公里，還不敢露臉，因為沒身份、沒地位，台獨份子天天在幹妳、肏妳，還要消滅妳，天理何在？

「趁十月高秋……出來透透氣……呼吸」，真是阿彌陀佛呀！台灣人民也有慈悲面，大家公認小三也有呼吸的權利。「給小三呼吸空氣」是台灣人的驕傲和慈悲，可以在國際上宣傳，「我們很尊重小三的呼吸人權」！

莫渝的〈十月旗語〉第二首詩，〈榮辱篇：超現實主義的夢遊〉。這首詩意象鮮明靈動，詩意豐富，而政治指涉與反諷技巧，真是超絕的，超能召喚不同讀者的喜怒哀樂。也是很成功的一首詩，賞讀之（註③）

一夜之間
無表情無感覺的成排成列的旗
統統立正馬路中央安全島
大軍壓境橋的兩側

招搖四方

想召喚什麼
想感動什麼
想宣示什麼
想耀威什麼

同樣的旗
曾遭拉扯沒收
　見不得日
同樣的旗
曾被踐踏棄地
　不如蟑螂
同樣的旗
曾經遮羞，只剩

包裹遺體
操弄模糊的價值
英雄般，排隊聽話的旗
夢遊地攻佔街市
裝飾橋頭

刊登《笠》詩刊第286期
二〇一一年十二月十五日

十月的詭異，國旗利用月黑風高的晚上，突然露臉了。「無表情無感覺」，在說旗嗎？非也，是人民對這面國旗的無感，甚至有一群人是反感的。國旗代表國家，人民對國旗無感，表示國家危險了，所以國旗站出來。

「想召喚什麼」？不外是建造這個國家的國魂和黨魂，中國國民黨的黨魂去了何方？中華民國的國魂死到那裡去了？還有中華民族的英魂、子民的靈魂，統統不見了，召魂啊！回來吧！不要再行屍走肉了！難不成，國魂黨魂都已去了西方極樂世界！

「想感動什麼」？國旗在淒風苦雨中，以苦行僧的形像，苦苦站立，欲感動子民，盼子民良心發現，回到國旗身邊吧！

「想宣示什麼」？不外告訴大家「我是國旗」，代表國家，不得無禮。至於那些污辱國旗、幹國旗，不忠不義者就是不孝不仁者，因果會有報應的！

「想耀威什麼」？告訴子民們，別想要換掉國旗，有此企圖，定使全島翻天大地震，到時全島將化為一片焦土，會死很多人，你們要想清楚！

「同樣的旗／曾遭拉扯沒收／見不得日／同樣的旗／曾被踐踏棄地／不如蟑螂」。這裡的旗語有較多的想像，因為十月除了「合法的」國旗公然站出來，有時也有「非法的」旗露臉，就會引起拉扯沒收乃至少數爆動。非法的旗指控合法的旗是「非法」，合法的旗指控非法旗才更是非法，真是糾纏不清啊！

「曾被踐踏棄地／不如蟑螂」，我猜這一幕傷心、可痛的情境，莫渝和我可能同在現場看見，凱道前國旗丟滿地，被踐踏、不如蟑螂，才會有這樣的感嘆詩句！

那是民國九十三年（二〇〇四年），陳水扁集團製造了「三一九槍擊弊案」，一個「政權」持續上路。同年五月二十日政權在凱達格蘭大道，為大頭目陳阿扁舉行就職大典，南部綠色人馬大批北上參加，他們迫於形勢，不得已也只好拿「國旗」。典禮畢，成千上萬的大小國旗全丟棄在凱道上，那景像觸目驚心，那日，蒼天的眼淚掉下來，悽苦的風雨！

莫渝的詩句神似這一幕，不！莫渝是現實主義者，善於寫實「寫境」，他可能與我同在現場。相同的時間、相同的情境，我也曾記錄那段「國破山河在」的史事，而有〈國旗的控訴〉一詩，並陳如後，警示大家要反省這種不幸事件。（註④）今後在台灣政壇不應再發生。

我向民意機關發出最沈痛的指控
一個滿口仁義道德的人說要帶我參加大頭目慶典
事後在一個陰暗的角落強姦我、丟下我
蒼天的眼淚沾濕了我美麗的彩衣
我要告他
他的指紋和精液還留在我身上
我向調查單位控訴

一個人模人樣的人說要帶我去看大頭目演戲
到了現場才發現上當了，無數朋友也上當了
他們羞辱我們、毀傷我們、遺棄我們
我要告他們
我身上還留有兇手的全部證據

我是一支比較幸運的小國旗
那個人用完我，還想改我的名字
我不願意，是我自己逃跑的
我也不想告誰
只想告訴全天下的人
那群人都是詐騙集團兼集體性侵害者
千萬不能相信他們

二〇〇四年「五二〇」凱達格蘭大道場景

十月旗語也罷！五月旗話也好！這面旗至今仍將島民的心扯成兩塊，在自己的內心、家庭、家族、島的天空大地，持續對立、對決，直到我們自己把自己鬥垮為止。而我們這些當詩人的，才「窮而後工」，感人的詩篇如湧泉，國破山河在……

註　釋

① 陳福成，《中國近代政治結社之研究》〈碩士論文〉（台北：政戰政治研究所，民國七十七年六月）。後本書修訂，書名改《中國近代黨派發展研究新詮》（台北：時英出版社，二〇〇六年九月），參考第一章第四節。

② 莫渝，《陽光與暗影》（台北：新北市政府文化局，二〇一四年十月），頁五五—五六。

③ 同註②，頁五七—五八。

④〈國旗的控訴〉一詩，後收錄在拙著，《春秋記實》詩集（台北：時英出版社，二〇〇六年九月）。

第八章　莫渝小詩的意境，藏著愛的秘密

詩，不論傳統詩詞或現代新詩，言志、神思、想像力、夸飾等，固然都是賞析的重點，而意境我認為是重點中的靈魂。故詩評家稱意境論是中國詩學的結晶，是中國詩最深刻的本體和藝術靈魂，中國詩的本質特徵在此。（註①）但何謂「中國詩」？要深論恐引起島內詩壇派系大戰，豈不造成政局災難外另一災難！故暫且界定，「凡是以中國方塊字寫的詩，都可以叫中國詩。」

這個界定仍有特別限制，「方塊字」不可略，僅「中國字」或「中國文字」，語意有灰色地帶，因為中國有太多民族或種族。主要的漢族以外，滿、蒙、回、藏，及數百少數民族，漢字以外尚有數百種文字。故中國詩限定在「中國方塊字」寫的詩，這是漢族的文字，台語詩、客家詩都是。

好的中國詩，意境欣賞不可少。但何謂「意境」？也是不容易說清楚的，你看沒意

境！我看有意境！總有個較可服人的說法。司空圖對意境有個比喻，「詩家之景，如藍田日暖，良玉生煙，可望而不可迫在眉睫之前也。」其意即說「意境」是「虛的存在」，只能用心領神會，不可以感官去把握。再者，意境的存在也靠「意象」來顯現，意象是具體的、有限的；意境則是虛體的、無限的。

我說莫渝的小詩很有意境，除了從中國詩學的意境論出發，也把握意境的「虛體」和意象的「具體」，賞讀並試著詮釋藏於詩中「愛的秘密」。我選《陽光與暗影》詩集〈春水潺潺〉集裡四首小詩，先賞閱〈小小林間〉。（註②）

忍不住清涼幽靜的蔭影誘引
不在乎誰家的林子
穿梭在樹與樹之間
高處，枝葉微顫
牽動地面切成塊狀的日光晃移，搖舞
以歡愉的心情

深入，那個林子
穿梭著愛與愛之間
曾經有所歸屬
如今　僅留夢鄉裡的微溫

五行二段整齊相對的意境小詩，穿梭在林間的意象具體而鮮明，而文字未直接說出的，是一對年輕的情侶在林間穿梭。年輕時談戀愛把「馬子」，常有這樣浪漫的經驗，有了真實經驗，詩的境界才有「真景物、真感情」。但這首詩比較像詩人更年輕（約二十歲以下），在老家與同村女孩的初戀，字裡行間看得出來。情境和美感都有感染力，有初戀經驗的人讀之，就更能引起共鳴了！

因有初戀經驗，才會在第一段「重建當時現場」，誰家的林子，當然是村子裡一片竹林，那是小倆個約會的地方。他們的感情醞釀到何種「程度」呢？「穿梭著愛與愛之間／曾經有所歸屬」，可見這段初戀是深入的，已到「互許終身」的境地。我想很多人在「稚愛」階段（約十五歲前），小男生小女生就互許終身，但不久兩個讀了不同學校就結束了，長大後女生多忘記，只有男人「僅留夢鄉裡的微溫」。這種回憶是寫詩的好

素材，筆者在小五就和小女生「私訂終身」了，後來的回憶都「夢鄉裡的微溫」，很奇妙！再讀〈河口平原〉。（註③）

來到河海交匯處
往前，入海
澎湃洶湧的洋流等著驚喜冒險
回首，溯溪
找回來時的迂迴曲折跌蕩衝撞

這是我們相會的河口
夜晚
安寧又喧鬧的平原景致
沉澱奔波流浪的酸喜
清心放下過重的包袱

如果〈小小林間〉是「寫境」之作，這首〈河口平原〉則像「造境」之作。但造境並非虛構，不可憑空妄生，仍須合於自然和真實的生活經驗，才是詩人的真性情，能與人有共鳴。

「河口平原」應該也是詩人曾經佇足看景之處，回首當年和她在此那段戀情，可能碰到一些曲折，甚至有些情感上的衝撞成為壓力，才有「**回首，溯溪／找回來時的迂迴曲折跌蕩衝撞**」的詩句，可見這段戀情是不順利的，成了日後的「包袱」。

其實人的記憶不是像電腦可以「刪除」的，人只要經過一場真情戀愛，而未修成正果，我不相信誰可以完全忘記。不論男生女生，頂多是在乎或不太在乎吧！「**這是我們相會的河口／夜晚……流浪的酸喜**」，這定是情話綿綿的夜晚，當然也有過爭執、吵架，或某種議題沒有共識，使得戀情沒有結果。人們常說「愛的愈深、傷的愈重」，真感情就會成了日後的包袱，這輩子要放下感情包袱，只有靠修行和學習。

這首詩的意境，來自寬廣的想像力，文字以外可以有不少的「空靈」空間，讓讀者發揮自由心證的權利（力），去詮釋詩人的佈局，想像發生了怎樣的情節。再賞另一首〈晴朗山峰〉。（註④）

山，不遠
停留視線的盡頭
顯明的稜線是妳對我的依賴
罩霧的朦朧
是我對你的思念

嵐氣抑白霧
都在清晨或黃昏圍繞
靠近再靠近
掀開薄紗瞬間
晴朗山鋒立即傳遞愛的光芒

戀愛方法（用來吸引對方的條件或工具），每個時代不同，仍至人人不同，但由Libido產生的情愫形成一種思念或依賴，我敢說從盤古開天至今是大同小異的。這首詩的經營就是運用山和霧的意象，比喻兩人關係，如「顯明的稜線是你對我的依賴／罩霧的朦朧

／是我對你的思念」。在那當下，女生對男生已有了依賴，男生的心中充滿對她有一種很美的思念。戀愛談到這個階段，相信距離「私訂終身」不遠了！

但詩句「罩霧的朦朧」和「嵐氣抑白霧」，這種意象雖可詮釋對愛情的「美感」，也可說是不確定、看不清楚的愛，表示戀情不穩定；非得要「靠近再靠近／掀開薄紗瞬間／晴朗山鋒立即傳遞愛的光芒」，高山氣候多變，極不穩定。詩人用這種意象和意境，象徵自己曾經有過的那段戀情，實在也充滿著啟示性，告訴大家愛情是多麼的無常，瞬息萬變，一不小心，就會受傷，傷人傷己。再賞讀〈同一夢境〉。（註⑤）

夢鄉出現在怎樣的夜晚？
是酣沉的夜　才有的夢之腳影？
誰的腳程能夠來去自如？
如何丈量夜的長與寬？
凌晨　算不算我們共有的夜？

昨夜，或許今日凌晨

熟悉的巷弄、路名、行道樹
熟悉的小販叫賣聲
我們在同一夢境裡
漫步許諾的一生

說實在的，兩性戀情能保有「同一夢境」是美好而幸福的，就算永遠只是夢，至少也是美夢而不是惡夢；反之，同牀或不同牀都「異夢」，豈非痛苦而不幸，如何從苦海解脫，恐須極大的智慧加上很高的EQ！

這首詩第一段連續五個質問，基本上是對那段不確定戀情的質問，因為很多兩性之間之細節，都不一定有共識的，感覺不同就有不同的解釋和答案。第二段的五行，可視為男生單方面的答案，自問自答，能獲得「我們在同一夢境裡／漫步許諾的一生」，相信「不滿意但可接受」。此生有個美夢，夫復何求？

〈春水潺潺〉有十二首十行詩，結構佈局都統一，方法上運用「情往感物」和「物來動情」的交融，提昇詩的意境。再者，莫渝的詩極少能聞出一點「女人味」，惟本文這四首，有淡淡「愛的故事」的情味，賞析並就教讀者們。

註釋

①陳慶輝，《中國詩學》（台北：文史哲出版社，民國八十三年十二月），第四章。

②莫渝，《陽光與暗影》（台北：新北市政府文化局，二〇一四年十月），頁一〇一。

③同註②，頁一〇二。

④同註②，頁一〇三。

⑤同註②，頁一〇五。

第九章 關於戰爭，及莫渝的戰爭詩

莫渝是反戰的，偏偏我在台大教了幾年《戰爭指導》的課，我對戰爭是有幾分熱情的。所以要賞閱莫渝幾首戰爭詩，還真有些為難。為難之事難為，勉強為之，設法在子彈裡少裝些火藥便是。

我雖一介退伍老兵，骨子裡仍是個軍人，軍人的事業在戰場，沒有戰爭，軍人便失去存在的價值，甚至失去人生之目標。是故，全世界的軍人，絕大多數是主戰派。戰爭有很多好處，淘汰弱者，也是激勵弱者。再者，民族生

美俄翻臉談判破局 敘停火遙遙無期

【本報綜合外電報導】敘利亞人民渴望的和平再度落空！美國與俄羅斯協調敘利亞停火的外交談判，周一正式破局。美國務院周一宣布，停止與俄羅斯就敘利亞停火問題進行的談判，同時擱置與俄方共同打擊恐怖分子的軍事計畫，稱俄羅斯多次破壞停火協議，繼續談判沒有意義。

隨著美俄翻臉，這也意味著，透過外交管道斡旋敘利亞內戰的希望再次破滅。這場歷時五年半的血腥戰爭至今已經奪去數以千計性命，導致一千一百萬人流離失所。

美國國務院發言人科比表示，這並非輕易的決定，批評俄羅斯沒有遵守上月達成的敘利亞停火協議條文，反而繼續支援敘利亞政府軍，向反對派部隊發動攻擊，波及平民，並襲擊醫院。

白宮發言人厄尼斯特也說，美國對俄羅斯的忍耐已經到了極限，美俄雙方顯然已無更多可談的了。

美放棄續談停火協議

俄羅斯則對美國的舉動表示遺憾，認為美方此舉是將敘局勢惡化的責任推給俄方，將使敘利亞問題更加難以解決。俄羅斯外交部發言人扎哈羅娃指責，美國拒絕對敘反對派施壓，反而慫恿他們採取行動，使敘反對派武裝得以重新部署。

由美、俄兩國主導的停火談判，在九月九日曾達成敘利亞的短暫停火，此一共識曾被國際社會視為和平解決敘利亞問題的「最後嘗試」。但在停火期間，做為反對派大本營的敘利亞第二大城阿勒坡連日遭到狂轟，當地最大醫院「M10醫院」幾乎被夷平，供水也被切斷，當地目前可以進行手術的醫院只剩下兩家。

俄中止武器鈽協議

美俄合作破局後，聯合國安理會周一就敘利亞問題召開會議，草擬決議敦促美俄確保阿勒坡能夠立即停火。

在美國宣布退出停火談判前，俄羅斯總統普亭由於美國「不友好」，叫停了與美國達成各自處理武器級鈽元素的協議。

根據這份協議，俄羅斯和美國將共同銷毀總量為六十八噸的放射性元素鈽。分析稱，普亭可能會把廢核當做敘利亞或烏克蘭問題的談判籌碼。

人间福報 2016.10.5. 4版

存和國家誕生都來自戰爭，所以台灣獨立並非沒有機會，只要台灣人敢戰敢死，打敗解放軍，就一定可以獨立！戰爭是人類歷史的常態，但也很詭異！

凡是關心一點國際事務的人，應該都知道敘利亞內戰打了五年多了，除雙方武裝人員死傷慘重外，更慘的是敘利亞人民，死傷已近百萬，許多城市已成廢墟，造成千萬人流離失所，還有幾百萬難民，造成歐洲各國內部社會和安全問題。

除敘利亞內戰，還有伊拉克、IS（伊斯蘭國），從「九一一事件」以來，這些戰爭一直在打。國內媒體因向美國一邊倒，完全不知道這些各國內部戰亂、對立，都是美國人製造出來的，我這麼說很多人不相信，他們長期不知真相。

美國人以海珊有「毀滅性武器」為由，發動對伊拉克戰爭，其實為控制油源、穩定

美元計價，及出清軍火商庫存的武器裝備和彈藥。事情這麼簡單，而地球人全被騙了，把人家國家打垮後，找不到毀滅性武器，找不到就找不到了，誰人能耐老美何？之後，IS、敘利亞內戰都由此延生出來！

很詭異的是，敘利亞內戰能不能停火？要看美俄點不點頭！內戰是自己國家的事，打不打在己，為何要外國決定。原來美國人支持敘國反抗軍，俄國只好支持敘國政府軍，戰爭就打不完了！這讓我回憶起二戰以來所有戰爭，幾乎都是美國以武力介入別國反對勢力，培養一批親美力量，製造別國分裂。今日台灣情勢也一樣，美國一直在培養台灣內部的親美勢力。表面上說「一中」，暗中企圖讓中國永久分裂，他們坐收漁利。美國是地球上最可怕、最邪惡的「資本主義帝國」，最邪惡的狼，外表穿一件誘人的「民主羊皮外衣」，只有智者戰略家能洞察。

我敢斷言，莫渝兩首戰爭詩，若追出背景，那「戰爭孤兒」和「殘腿」，也是美國人製造的。像美國這樣的邪惡帝國，伊斯蘭各民族應效法賓拉登的「不對稱戰」，對美國各大城發動一波波、又一波波的「九一一」式攻擊，直到美國全面瓦解，地球上才有和平的一天。當然，這種方式是「以戰止戰」獲得和平。但中國人通常不用這種方式，而是保守的防衛或所謂「不戰而屈人之兵」，所以中國幾千年很少主動入侵別國，反而是異族入侵中國，最後被漢化，成了中華民族的一員，這是自然力形成，和西方列強的資本主義思維完全不同。

以戰止戰和防衛作戰，都是獲取和平或尊嚴的方法。但國與國之間很複雜，例如日本侵略我中國，我們到底要高舉「反戰」標語遊行？還是全民奮起進行「反侵略戰爭」。敵人已打到家門口，甚至進門殺人了，光是「反戰」有用嗎？汪精衛就是反戰才弄出個「偽滿」。（說明：純就歷史事實說，無指涉莫渝反戰論會和汪精衛一樣，莫渝是純粹的詩人、作家，我則從莫渝的詩衍繹戰爭問題。）

說到日本為什麼要侵略中國？因為大約在吾國明朝萬曆年間，倭人野心家豐臣秀吉知道倭國沒有「戰略縱深」和資源，提出消滅中國（含朝鮮）政策，並訂為倭國的「民族使命」，完成統一日中朝的「大日本帝國」任務。此後，倭人不斷發動「滅華之戰」，我在多處文章已有講述。所以，倭國是不會停止侵略中國野心的，他們認為只要全面佔領中國，亞洲各國就全部臣服，倭國必將稱霸世界。但我斷言，倭國若發動第四次滅華之戰，結果就是自己亡國亡種，本世紀內倭國若不亡於戰爭，也必亡於天災，這是天譴（日本人自己說的，如石原慎太郎）。

日本不亡國，這世界是不公平的，佛法說的因果因緣論都不能成立了，倭國第一次滅華之戰（明萬歷），中倭朝死傷數百萬，朝鮮險些滅種，第二次甲午之戰死傷數十萬，但割台後，日本在台灣進行大屠殺，死人不計其數（有史料可查），現在台灣人全忘了，只記得蔣介石誤殺了幾個人，這是政治操弄的可怕！第三次滅華之戰（我們叫八年抗戰，其實前後十幾年），不含老美，光是亞洲死人上億（含間接因戰爭而死），傷幾億人，以現在日本的人口正好還這些債，才合因果論。所以，我著書立說，主張本世紀中葉前，中國要先下手，以迅雷不及掩耳之勢，一夜間用五顆核彈，消滅倭國，收該列島改成「中國扶桑省」，亞洲從此永久和平，中華民族自古至今，不會主動入侵鄰國。（註①）以核消滅日本，是為亞洲永久和平，亦論證因果。

前面講到我老校長蔣公誤殺幾個人，現在台獨份子操弄「二二八」，說是蔣介石的過，其實此事在蔣公的「功過簿」上根本是小小事，雞毛蒜皮的事，他最大的過（罪），是外蒙獨立、有機會不收回琉球和對日「以德報怨」政策。

莫渝以其悲天憫人之仁心，論述他的反戰觀點（可詳見莫渝譯，《石柱集》的附錄〈詩文學的欣賞〉訪談）。他的兩首戰爭詩，就像我在前面放的「敍利亞兒童難民」照片，看了讓很多人心痛，卻不能讓掌大權的政治袖覺悟。因為政治沒有感情、沒有人性，莫渝應該也很清楚，賞讀〈戰爭孤兒〉。（註②）

爆炸聲響過許久
坐在殘墟中間
望向虛無的天空
除了想嚎啕大哭外
一片茫茫然

任人踐踏的蟑螂
莫可奈何
即使手執槍枝
還是無從肯定
活下去的滋味

被戰爭遺棄的孤兒
在戰火長大的孤兒

年歲是夢魘的堆累
永遠抹滅不掉：
震耳的砲聲密佈的濃煙
驚悸的人群橫陳的血屍

感染力是任何藝術作品成功條件之一，就像本文前面所引那張由攝影師佐爾曼，拍下敍利亞難民童照片（如前），獲得攝影獎，因其感染力可以感動世人，可以引起人們反思戰爭問題。

莫渝這首〈戰爭孤兒〉也是，遠的不說，我國八年對倭反侵略戰爭，倭人在我們國土大地製造多少戰爭孤兒！越戰、韓戰，多少戰爭孤兒？那樣的畫面、活生生的人，我們那位沒見過？媒體曾經瘋狂報導，那當下感動很多人，然而戰爭照打。現在敍利亞內戰持續打，地中海上的難民船災難持續發生，每次死人數百，數月前死在沙灘那孩童也感動全世界，美國人不為所動仍支持敍國反抗軍，非要把人家政府推翻，這是什麼邪惡心態？就是這種邪惡心態，在全世界到處分裂人家的國家，製造人家社會的對立，戰爭就打不完了！可憐啊！戰爭孤兒！那些美國人製造的冤魂，去找美國算賬。

〈戰爭孤兒〉第一段，呈現受到戰爭破壞的廢墟「現場重建」，一幅觸目驚心的場景，「**坐在廢墟中間／望向虛無的天空**」，那是誰？「是別人的孩子吧！」這裡除了詩人的同情心，還有深刻的批判，批判這個世界為何置身事外？

第二段警示爆發戰爭的地區，不論任何一方（政府軍、反抗軍、全民），都沒有贏家，人命不如蟑螂，手上有武器也未必可以見到明天的太陽。第三段向眾生開示，戰爭對人類身心靈的破壞是永久性的，「**年歲是夢魘的堆累**」，痛苦啊！其實按佛法因果論，影響不止一世，可能很多世，直到「災難製造者」付出相等代價為止。這就是為什麼我始終主張，必須讓日本這個民族滅亡（外力或天譴），這只是他們對以前製造的幾億傷亡，公平的付出代價，那些因倭國侵略爆行而死的冤魂，才得以安息，人類的永久和平才有機會。賞讀另一首〈殘腿〉。（註③）

半截腿倚在田埂
等候他永不回歸的主人
血還鮮著

前頭的戰事尚未結束
一連好幾個月
太陽擰乾了土地的水分
又張牙舞爪地
吸吮人類多餘的液

一九七一年六月

這首詩寫於一九七一年，可能是越南或柬埔寨的場景，經由新聞畫面傳播而得知，詩記這可怕的場景，意象很嚇人，也是很有感動力。詩人接受訪談時，表示這詩裡的太陽等同戰爭，太陽曬乾了人們因戰爭而流的血，仍不滿足，真是好可怕，感覺戰爭全是破壞，才有反戰的觀念。「古來征戰幾人回」、「一將功成萬骨枯」，一個將軍的功名是犧牲多少人換來的，這都是人類的浪費。（註④）也確實，地球上若完全沒有戰爭多好，人們永遠過著幸福美滿的日子，這得靠莊子的「無政府主義」。詳見本書第十二章，〈莫渝和劉正偉詩的比較政治學〉解說。

自古以來，人類為避免戰爭，用了很多方法，如《聯合國憲章》所述的「集體安全」，在冷戰時代，北約—華沙公約、美韓、美台、美日、美菲等條約都是。但這種「恐怖平衡」後遺症極大，通常只有大哥級的國際強權獲利，小國都是陪葬品。例如兩韓至今統一無望，還可能爆發戰爭，吾國也仍分裂，台灣承受不起，災難都是人民在承擔。台灣就是冷戰最大受害者，除了國家分裂外，小小的島內又分裂，有的寧當倭人不當華人的漢奸心態，讓台灣永不安寧，永無希望，像沒有方向的船在海上飄。我在一本大陸出版的《用生命種詩的人：詩人王學忠評傳》（陳才生著），讀到一首莫渝的短詩，似寫台灣的困境。賞讀〈黃昏鳥〉。（註⑤）

今夕，我們落宿淒涼
在承受不起過重思維的枝椏上
或者，繼續前程
投向燈盞亮處

不為迷失，而是沒有歸途

我們瞇起眼睛
茫視蜃樓般誘引的前端

前端，沒有燈火的
冷冷

素有大陸平民詩人雅稱的王學忠，他的作品我在幾年前略有研究。（註⑥）我突然發現，莫渝和王學忠詩風同屬「現實主義」，難怪他們有交流並相互欣賞。（註⑦）因為他們貼近人民，體貼民心，他們為多數下階層人民發聲，都是可敬可佩的詩人。

回到〈黃昏鳥〉一詩，這只是借鳥說話，另有指涉。第一段意象顯得落迫淒涼，壓力很大，找不到前進的動力，也不知往何處去？這不就是台灣「保持現狀」的飄浮不定嗎？島民壓力很大，民怨很高。

第二段找不到歸途（指涉統獨之爭或台灣人沒根了，找不到回家的路），前方盡是虛幻的，沒有未來啊！最後的結尾也是暗暗的、冷冷的。

從詩的含蓄和張力，這首詩真是寫得太好了。詩題是黃昏鳥，內容在說一隻鳥的困局，把指涉的張力藏在一隻鳥，這是含蓄的功力。而內涵產生了強大的弦外之音，指涉另一時空中的人類困境，這是張力和想像力的功夫。

本文經由莫渝的詩，反思一些戰爭問題。戰史是人類歷史精華部份，似乎表示戰爭是人類文明的一種「動力」，歷史因戰爭而向前推進，科技文明因而進化。若無戰爭，歷史空白了一半以上，也太寂寞了！

註釋

①陳福成，《日本問題的終極處理：廿一世紀中國人的天命與扶桑省建設要綱》（台北：文史哲出版社，二〇一三年七月）。

②莫渝譯，《石柱集：第三世界詩歌的譯介與欣賞》（高雄：春暉出版社，二〇一五年十月），頁二四五—二四六。

③同註②，頁二四六—二四七。

④同註②，頁二四七—二四八。

⑤陳才生，《用生命種詩的人：詩人王學忠評傳》（北京：新華出版社，二〇一五年十一月第一版），頁三五四—三五五。

⑥ 關於王學忠作品的研究有三本：《中國當代平民詩人王學忠》（二〇一二年）、《從魯迅文學醫人魂救國魂說起》（二〇一四年）、《王學忠籲天詩錄》（二〇一五年），均由文史哲出版社出版。

⑦ 莫渝和王學忠何時開始交流？我不得而知。但按註⑤陳才生著作所述，二〇〇三年他們通過書信取得聯繫，可詳見該書第十四章〈台島知音〉。

第十章　關於莫渝的台語詩

我國以前有西夏文字和「女書」（女人專用文字），更早先秦各國都有不同文字，後來因難以流通而失傳，只剩下漢民族的「漢字」，目前全世界正在中文熱，學講中文學寫漢字。中國人的時代真的是要來了。

聯合國曾有一研究聲明，大約二〇五〇年左右，目前全世界尚有少數人用的語言和文字，將因全球化、地球村的結果，百分之九十九全部消失，成為博物館內陳列的「古董」。主流的語言和文字，只剩下中文和英文。

據聞，懂西夏文字的人，全中國只有三人，懂「女書」的人也只剩一人。（均待查）若是，按此推演下去，未來在台灣（二〇五〇年前後）懂客語、台語、原民語等，或許只剩幾人！而所謂「客語字」、「台語字」等，也就根本無人懂了。此非我提筆胡言，因為我今年就碰到這問題。

年初客籍詩人范揚松約我參加「台客詩會」活動，同行者尚有方飛白、吳明興、吳家業等詩人，好像吾等《華文現代詩》亦有參加者。詩會中有人朗頌客語詩，我似懂非懂，拿起現場分發的書面資料，請教范揚松和吳家業二兄（二人都是客家人），二人對詩中「客語字」亦不清楚（不認識），詩意亦只能半猜。我向二人說：「客語詩你們不懂，我們其他人就別提了！」

事實上台語詩和客語詩、原民詩等，都是相同困境，能百分百讀懂的，只有一個人，即詩人自己。一種文字語言要普遍流行，是要具備書寫發音要簡單和統一，簡單才易學，統一書寫和發音方便溝通交流，才能被人運用，傳播知識。但《華文現代詩》諸君子淑女，仍然在刊物保留了台語詩、客語詩和原民詩的空間，讓少數民族有一塊版圖可以揮灑，為何？

我們明知不可為而為之，在尚未成為「古物」之前，吾等先保留保存一些，也為台灣文化的「留、傳」，盡一點詩人的責任，這是我要寫本文的動機之一。動機之二當然是針對莫渝，台語詩是他這輩深耕文學重要的部份，研究莫渝的文學長路，不提他的台語詩，是很大的缺失，台語詩有他感情、思想的寄託。

莫渝至今出版兩本台語詩，《春天 ē 百合》（二〇一一年）、《光之穹頂》（二〇一三年），《華文現代詩》各期也有若干台語詩。惟我對台語詩也有解讀上的困難，只能象徵性的賞讀《華文現代詩》期刊上幾首，先賞讀〈水岸咖啡〉。（註①）

一杯咖啡一陣風
微微ê風吹向水面
水上紋紋笑
親像天頂飄過ê白雲　同款輕爽

咖啡ê香味　咖啡座ê清閒
引來青年男女　過路ê母囝

有人恬恬坐
看風景　看過路人
嘛有人沉思
享受著清閒ê時段

微微ê風送出迷人ê香味
咖啡ê香味
將水岸攪滾出一場淡薄仔
香味ê河邊春夢

為什麼台語詩的某些字要用英文取代？我特別查早期很多台語歌的原創詞，如〈雨夜花〉、〈河邊春夢〉、〈悲戀的酒杯〉等，都沒有用或別國文字取代者，用「中國方塊字」就能全部表達。因此，余以為台語詩的某些字用英文取代不妥，中文仍有可取代的字，不須外求。再者，有利於統一和閱讀。

〈水岸咖啡〉是一首抒情詩，坐在水岸喝咖啡，望出去的風景，微風在水面上「紋紋笑」，一個水面漣漪的意象，表示人生的輕爽。美景和香味引來男女老少，大家開始「鬥嘴鼓」（聊八掛之意），也有安靜沉思的。

最後一段頗有境界，「**將水岸攪滾出一場淡薄仔／香味ê河邊春夢**」，「淡薄仔」台語發音是「有一點點」之意，借〈河邊春夢〉台語歌內涵，暗示大家在水岸喝咖

啡也在做一場美麗的河邊春夢。以春夢喻咖啡人生，不是很美嗎?再賞讀〈行踏咱e愛河〉。（註②）

溪水　是咱 é 親密
M̄管伊叫打狗川
高雄圳　iah 是高雄運河
攏是咱 é 至親

一條溪水　匀匀仔流
Séh　過咱 é 城市
bô 分左岸右岸
攏仝款是咱 é 好鬥陣

M̄管啥物時陣
溪流 é 水聲

隨時 ti 靜靜仔流
予咱 siáu-liam　伊 é 溫純 kap 安靜

一條溪水　名叫愛河纏綿著愛 é 城市
猶閣被城市 é 愛攬 tiâu-tiâu

咱　沓沓仔行　沓沓仔看
擱一擺見證青春時行過 é 愛路

這首詩裡的英文標音如何讀成台語？轉換成何種「中國方塊字」？我不碰觸、不解讀。因為可以轉換成很多中國字，增加複雜性，有時甚至可以改變詩意，創造更另類詮釋，不碰為佳！

但憑我從小和「土台客」混大的，台語都難不倒我，我曾住在很鄉下聽老婆婆獎勵她讀國小四年級的孫子，用古老台語這樣讚美說：「妖壽！妖壽！妖壽死囝碰肚短命！你考六十分哦！阿媽給你兩角銀獎勵，乖孫啊！」這是很高的台語讚美詞，現在很多自稱「愛台灣」的，完全聽不懂，這是台灣古老的語言文化。是故，我不碰那些英文標音，一樣可以讀懂這首台語詩。

這首詩最高層次的意涵，正體現詩人對本土、鄉土的熱愛與堅持，莫渝之所以深耕《笠》、編寫《苗栗文學讀本》等等，都是這種本土化精神的發揮，才會詩說這條溪水是我們的「親密、至親」，我們要珍愛自己腳踏、生長的這塊土地山河。

第二段很有深意，這條河流經我們的城市，不要分左岸右岸，大家都是好夥伴。言外之音可以說，我們同住一個小島，不要分左派右派藍綠等，大家都是同一條船上的乘客。第三段就讓溪水靜靜的流，我們內心也保持溫純安靜。最後提醒大家，這條叫愛河的溪水愛戀著這座城市，我們也要將河緊緊擁抱，我們自在的生活，再一次見證我們青春時走過的「愛之路」。

熱愛自己的本土、故鄉，是一切生物的本能（有例外），如鳥愛牠巢，狗愛牠的窩，其他動物亦然，故生物皆有「鄉愁」，只有不同的程度。莫渝對本土的愛，詩壇中尚有能超越他者乎?再賞另一首〈劍獅埕〉（台南安平）（註③）

埕原在

2

來到大埕
不是弄獅，嘛 bô-beh 舞劍
阮是ti遮歇睏　話虎膦

3

獅佮劍　lóng 暫時按下
鬥鬧熱是咱ê平常生活習慣

4

真濟趣味ê代誌
已經交予過去ê風雲歲月
bū-kó，咱愛知曉咱ê歷史佮記憶

5

ti大埕開講
互相對話　交換知識

嘛消消一寡仔無爽快ê心事

6

風，微微仔吹
猶原感著海面來ê鹹味

7

戰爭離咱真遠
故事卻ti眼前

8

大埕鬧熱
無同款ê人潮出出入入
像海水同款一波又一波
海湧ê音響同齊吹過遂家ê耳邊

9

埕外
時代ê風雨繼續不斷

獅佮劍　已經收藏起來
戰爭砲火ê聲影雖然真遠
選戰ê煙火佮嘴泡
同款一直予咱遂家驚惶

大埕是現代劇場
咱ti台頂搬戲
劇本beh ân-chóa^{n}-iū^{n}寫
一點仔lóng無了解
咱就上台演出

原詩沒有段落編號，筆者為解讀方便加入。這首詩的故事設計頗像李敖的《北京法源寺》一書，雖是不同文體，但把場景鎖定在一個固定的地點，述說古今故事風情的手法是一樣的。莫渝就在這小小一方大埕，說著這裡古今熱鬧的人文風景。

第一段「風雨袂斷」，是說從古至今這裡人事上的風風雨雨從未斷過，埕還是原來的埕。大有江山依舊在，風雨不斷，只是換人演，一種對大歷史的感嘆！

第二段「歇睏」休息，「話虎膦」是吹牛聊八掛之意，但「膦」音是「ㄌㄧㄣˊ」，並不適合，一般都用「虎爛」，例如選舉投「虎爛票」。惟台語讀音的「虎爛」是粗俗用語，因為台語讀音「爛」是「膀胱」之意。我小時候和土台客小孩一混最常聽到的是「爛啦、爛趴」，這是髒話，被老師聽到要打手心的。而「話虎膦（爛）」三個字，則是吹牛聊八卦之意。

第三段舞獅舞劍現在少見了，大埕的熱鬧是居民的生活常態。第四段勉勵大家，很多代誌都過去了，但不可忘了自己的歷史記憶。

第五段的「開講」意思和「話虎爛」一樣，可以消解一些心中愁與悶，這是古今一樣的。第六段人們坐在大埕，感受海風吹來的味道，表示現在真是天下太平，幸福美滿；因而第七段要向大家警示，戰爭已遠，故事仍在眼前，要居安思危。

第八段很有大歷史感，埕前的人潮出出入入，如海水一波波湧過，浪聲響過耳際，年代一個個成為過去；接著第九段埕外，走過時代的風雨，戰爭遠去，但另一種選舉戰爭還是叫人心驚。結論是把場景擴大，我們每個人都在這戲台上「搬戲」，劇本內容怎樣？未來會如何？大家都不知道，就要上台表演了。

〈劍獅埕〉寫的是一個小地方，這裡的世代人文風雨轉換，也是歷史，更是人生，多層次詮釋和想像，使這首詩有了境界，也有故事性。

本文象徵性的解讀幾首莫渝的台語詩，但因英文譯音必有失準，很高的不確定性。為此，我查台灣早期歌謠創作者，如周添旺、王雲峰、鄧雨賢、李臨秋、陳達儒、楊三郎、吳成家等，他們的作品純用「中國方塊字」，就能表達文意，傳達感情。寫歌和寫詩有何不同？全部用中國字表達為佳。

有使命感的人都是明知不可為而為之，岳飛明知不可為也要收復失土，我老校長蔣公中正要反攻大陸，經國先生要三民主義統一中國，深綠要搞台獨，都是明知不可為而為之。

地球上所有少數民族的文字、語言、文化等，都因全球化而快速消失，不久成「古董」，台語詩也是這種不可逆的情境。詩人，明知不可為而為之，盡心盡力搶救，是否可以讓「台語、台詩」慢一點消失？我請「時間」大老爺在二〇五〇年告訴大家吧！

註釋

① 莫渝，〈水岸咖啡〉，《華文現代詩》第二期（台北：文史哲出版社，二〇一四年

八月），頁一二四。

② 莫渝，〈行踏咱e愛河〉，《華文現代詩》第三期（台北：文史哲出版社，二〇一四年十一月），頁一一八。

③ 莫渝，〈劍獅埕〉〈台南安平〉，《華文現代詩》第五期（台北：文史哲出版社，二〇一五年五月），頁一三六。

第十一章　〈風林火山〉，莫渝人生境界的達成

自有人類以來，人人都在過他的人生，從「結果論」看，經營之神王永慶和路邊的流浪漢阿狗，乃至吾等作家詩人，死了差別不大，都是一死。啥也帶不走，空手來空手去！當然從佛法來說，還是有「東西」可以帶走，故說「萬般帶不走，只有業相隨」。只是地球上古今總人口中，知道有「業」會相隨的人，畢竟是極少極少的，絕大多數人都以為是「一死百了」。但不管那一類人，大多可以先不提結局，而重視生命的過程，過程中要求生（基本需要），要生活（日子好過），進而完成「自我實現」，用傳統文化哲學語言表達，就是人生境界的完成。

知道追求人生境界的人也是總人口的極少數，這極少數人是有「自覺性」者。這些人類中的稀有者，不論從事那個行業，他「知道自己在做什麼？」他有方向、有目標，有決心、有恆心，堅持一輩子做他想做的，而且能做出傲人成績，讓人生達到一個「所

要境界」。本書賞析研究的主角莫渝，正是這個稀有物種之一。

人生境界很抽象、很空靈，如何得知某人有了人生境界？又如何得知人生境界已達成？這些證據都在〈風林火山：給65歲的自己〉一詩中。一個有覺性的詩人，到六十多歲是該有境界了，用心理學術語說，即他已能「自我實現」；若六十多歲仍達不到這樣的境界，那是反省力和覺性都不足的，往後的若干年也別指望能達到什麼境界！是故，吾等先完整賞讀〈風林火山：給65歲的自己〉一詩。（註①）

風

勁疾猛襲不再
彷彿淨身靈修後的柔軟身段
減緩凜然
徐徐地吹拂，薰風

即使靜止

聆聽所有的聲籟
轉運成氣　增進耳清目明
來自海上夾帶濕鹹水份的西南季風
輕輕吹向我們摯愛的土地
吹拂珍惜的人間

林

因為清風，林梢
微微擺盪
傳知生命必然的活
動
不只一棵　兩棵

既縱深的黝黑暗鬱
也橫廣的高聳挺拔

引人遐思的樹林有一處可憩的空地
可懷的人家

火

曾經兇悍燎原的火勢已經褪弱
喪失侵掠吞噬的本質

仍然需要燃燒

持續添些柴薪
維繫火苗　穩定火候

讓自己保暖　讓周圍感受溫馨

山

山不動
依然有夢　孕育
有愛　蘊藏

墨綠翠鬱的植被　土黃堅實的底質
千百年　億萬年
不言說　不表明
靜靜囤積能量
靜靜滋生草木吸引動物奔逐

山不動
巍巍屹立，等你靠近
不動的山
等你來移轉

刊登於《文學台灣》86期夏季號二〇一三年四月十五日
《越南華文文學》（胡志明市）季刊20期二〇一三年四月十五日
《ASIA PORM．二〇一三冬》（首爾市）全尚浩韓譯二〇一三年四月十五日

這首詩的思考佈局，建立在兩個二分法的邏輯上。其一是詩人自己的生命歲月，以「年輕時代的生猛」與「銀髮成熟的柔軟」相對比較。其二在運用「風林火山」四種元素的策略，也採取疾風↕徐風、森林↕空地、猛火↕火苗、山不動↕你來移轉，都是二元相對概念，這種佈局在任何藝術形態上有廣泛的運用。基本原理是擴大落差，產生最大「發電量」。好處是最能彰顯作品的能量，感動欣賞的人，尤其最能製造驚奇（電影用的最多）。所以，莫渝用四種基本元素形容自己的六十五歲，就是一種人生境界的達

成，表示他的成熟和高明。

首先賞〈風〉段，風的屬性是移動速度，速度當然有無數種，但以二分法區分不外快慢兩種，以此形容人生兩種不同階段的行事風格。年輕時代是生猛的疾風，風掃落葉、風馳電掣、風華絕代，但到了銀髮成熟是怎樣呢？「**勁疾猛襲不再／彷彿淨身靈修後的柔軟身段／減緩凜然／徐徐地吹拂，薰**」，這是什麼樣的感覺情境？我想起《心經》第一句，「觀自在菩薩……」如菩薩般自在，自在的生活著，可以更耳清目明，觀聽世間所有的聲音，比年輕時代收到更多訊息。

為何年輕時代速度快（走遍天涯海角）反而聆聽有限？因為用感官聆聽；為何靜止不動了，反而「**聆聽所有的聲籟**」？因為不以感官，以心智之用，成為無限。而不管有限無限，風從海上吹來的訊息，都告訴我們要愛自己的土地，珍惜人間的因緣。

次賞〈林〉段，林的意象是一大片寬廣有度的「群體」，也意味著詩人一輩子創作成績，像一片森林，有時自己靜觀如林的作品，「**微微擺盪／傳知生命必然的活／動**」，林木成森也如人生的過程。從一棵一棵開始，經數十年努力，終於創建一座「**既縱深的黝黑暗鬱／也橫廣的高聳挺拔**」大森林，這是一座屬於自己的江山。

人生真是奇妙，上了一定年紀，有了大片江山，反而懷念最初「種下的一棵樹」。詩人現在「引人遐思的樹林有一處可憩的空地／可懷的人家」，這裡是否印刷掉字？「可懷的人家」少一「念」字，「人家」改成「家人」較合文意。

再賞〈火〉段，火的屬性是侵略性、毀滅性的「攻城掠地」，以此形容莫渝在六十幾歲之前，那數十載年輕歲月，竟已有七十多冊著編譯作品（見第一章），這不是「攻城掠地」這是什麼？

然而六十五歲的當下，他「曾經兇悍燎原的火勢已經褪弱／喪失侵掠吞噬的本質」，他不想猛烈的攻城掠地了。套句電視廣告詞「你累了嗎？」任誰也會覺得累吧！但他不想喝瓶「蠻牛」，他只想回歸平常、平淡。

平常平淡的生活，可不能「熄火」了，因為生命要持續，仍要發光發熱。所以詩人「仍然需要燃燒／／持續添些柴薪／維繫火苗　穩定火候／／讓自己保暖　讓周圍感受溫馨」。雖說「火勢不再燎原」，「侵掠吞噬的本質」也已喪失，但看莫渝66 67 68歲這三年，仍有近十本書出版（詳見書末年表），顯然火勢也還很猛，這是莫渝。

最後賞〈山〉段，山的屬性是堅定實在、頂天立地、不為所動，實際上這三種屬性意象正是莫渝一輩子堅持的信念，是他的形像招牌。山不管動不動，都有夢孕育，有愛蘊藏，但詩人從不多做解釋，「千百年　億萬年／不言說　不表明」，他靜靜用筆說話。這是他年輕時代的行事風格，不動如山。

現在詩人有些年紀了，山的態度有點改變，「山不動／巍巍屹立　等你靠近／／不動的山／等你來移轉」。不動的山心「動」了，變得身段柔軟些，等你靠近，等你來轉移，開啟各方的交流。

綜合莫渝〈風林火山〉的不變與變人生境界，簡單的說就是從「激烈的戰場上回家」，回到平凡、平淡、平實的生活。但實際上戰場空間沒有改變，用最簡單的一句話「回到平常心」，何謂「平常心」？誰也會說，事到臨頭就不平常了。吾國宋朝大文學家蘇東坡，如是體驗「平常心」。

盧山煙雨浙江潮，未到千般恨不消；
到得原來無別事，盧山煙雨浙江潮。

平常心也是一顆「禪心」，吾國明朝大思想家王陽明先生，如是詮釋「禪心」，「飢來吃飯倦來眠，只此修行玄更玄；說與世人渾不信，卻從身外覓神仙。」原來真理就在食衣住行之中，捨此而到心外求皆不可得。

現在這裡有三顆平常心，莫渝、蘇東坡和王陽明，他們都曾走千山涉萬水，追尋人生的高峰，最後又回歸平常，這是人生的過程，但非人人都能達到人生的境界「自我實現」。

註釋

① 莫渝，〈風林火山：給65歲的自己〉，《陽光與暗影》（台北：台北市政府文化局，二〇一四年十月），頁一一二—一一四。

第十二章　莫渝和劉正偉詩的「比較政治學」

早年讀政治研究所，最重要的課目就是《政治學》，讀了數十家名教授的政治理論，社會科學重視所謂「概念界定」，各大名家都給「政治」二字下個「定義」，搞得政治一團亂，但我最喜歡孫中山先生對政治下的定義，他說「政治乃管理眾人之事」，這個定義簡單、清楚、明白，是極佳的概念界定。

幾年後，我發現孫中山先生的政治界定也落伍了，因為界定和時代演進事實不合，與多數「政治現象」落差極大。一九八〇到九〇年代，環保和「動物權」漸漸被重視，流浪狗該不該死？怎麼死？某種魚能不能捕？大樹能不能砍？禽畜怎麼宰殺？……凡此，不僅成為政治議題，最後也要經由政治手段完成立法、執行之。政治者，應界定為「管理眾生之事」。

我一輩子都在觀察政治、研究政治、教學政治，就是不會從政，因為除了前述對政治的認知（初學者），當你開始有些智慧和悟性，這至少要到四十歲以上才可能有的領悟，你必然會發現（不是發明），政治根本就是「騙術和鬥爭」，終極目的是獲取最大之利益。除此，別無其他最合事實的界定，這是從「事實」與「內涵」的關係，給政治下的定義。

從形式上看，政治像一具「緊箍扣」，扣在所有人的頭上，與骨肉同生長（丟不掉的）。其念咒的密語和維持鬆緊的權力，則完全在統治者及其領導階層手上，統治者要緊使之緊，要鬆使之鬆，任何人無從脫離。人可脫逃於天地之間，卻絕不能脫逃政治掌控力，即人人不可能完全自外於政治影響力，從古至今，皆如是，無例外，生死都不能逃脫政治掌控。

古今以來，也有一派文學家、詩人，他們說要遠離政治，隔絕在政治影響力之外，如古之竹林詩人和今之浪漫唯美派。但我讀他們的作品，深入研析探討，都有濃厚的「政治味」，乃至屈原、李白、杜甫，皆藏政治於詩中，余光中的詩有「一中」論述，洛夫的《漂木》根本是一部「流浪政治學」……古今中外，幾乎找不到一首詩與政治無關。

莫渝和劉正偉並非今之「竹林二賢」，也不是浪漫唯美派，他們的詩也就更加政治。

這是我近來讀這兩位詩人作品，按我一向俱有的政治敏感度，他們在很多詩裡藏著高深的政治學，或顯或隱，或明或暗。以下試讀這兩家詩中政治學，將真相公布於天下。

第一、莫渝《陽光與暗影》詩集中的「政治學」

莫渝在《陽光與暗影》詩集，後記〈在自由的氣圍裡寫作〉一文，末段一句「陽光下公然藏匿邪惡」，這正是政治奇謀三十六計之首計「瞞天過海」的詩表達。邪惡中包含算計、謀略，天都被瞞住了，人當然更被瞞得死死。而邪惡即然「藏匿」在光天化日下，就不叫藏匿，也不叫邪惡，因為人民的眼睛「雪亮」的看著。陽光下由人民的眼睛盯著，怎麼可能邪惡？那是奇謀算計，人民不知也無感就被牽著鼻子走，把奇謀（毒計）當真理信仰。只有戰略素養極高的智者，才能洞穿看破這種奇謀！

莫渝這本詩集，政治味最濃重、最有「政治學」論述深度的詩有三，〈政府不可信〉、〈走狗〉、〈政客〉。這三首真是「政治學經典」，所有大學政治系和碩博士學生應該要讀，先賞讀〈政府不可信〉一詩。

政府有什麼用？

不接納人民的意見
視人民為眼中釘
將人民看作敵人

這個政府很聰明
懂得遠交近攻
結交遠方曾經的敵人
攻擊自己的人民

這個政府真聰明
說只有漲油電兩項
沒說萬物可以順便漲

這個政府配合這個人

有高度
只想要加稅
只想要漲價
懂得高瞻遠矚
要這個政府作什麼用？
處處與人民為敵
處處瞧不見在地的人民

這首詩作於二〇一二年十一月，不看年代也知道是諷刺「馬政府」的「一中」，從獨派說法是馬英九的一中等同「賣台」，這些政治意涵都藏在詩中，「結交遠方曾經的敵人」，指的是中共，國共以前相互為敵，如今要和解成「戰略夥伴」關係，獨派看中共仍是敵人。

全詩六段每段不定行數共十九行，第一段以一行的簡潔開宗，明義所有《政治學》課本的〈緒論〉，以下各段才演繹出政治各項內容。全詩一直說這個政府聰明，又質問這個政府有什麼用？處處與人民為敵，回應詩題〈政府不可信〉。

政治是政府的作用內涵，政府是政治的結構化，所以政府和政治是同一物。〈政府不可信〉一詩，真的正好確認了我前述「政治是騙術與鬥爭」說，故政治和政府皆不可信，不論何種政治型態的政府皆不可信。這才是王道，才是真理，古今中外的政府皆不可信。十多年前我在空大講「比較政府」課，理論之外我就給學生說過「所有政府皆不可信」的道理，信任了政府下場會很慘！賞讀另一首〈政客〉。

政者
掌權玩錢
享受擁權的樂趣
揮霍弄錢的把戲

非自己的錢
推送吃紅得最順手最笑容可掬

錢贏取的權

把玩得最浪漫最開心
是客
就不便也不願久留
沒有長久釘根的打算

政治即然只是騙術，目的都在搞錢弄權，則從政者當然都是「政客」，只是所有政客都不承認自己是「政客」，只有一個誠實者，前「偽行政院院長游錫堃」曾說：「我就是政客」；游錫堃另有一句「名言」，他說：「中國豬滾回去」，這也等於說他自己和父母祖宗也是豬，因為他的原鄉是福建漳州市詔安縣秀篆鎮埔平村，二〇〇三年他派他哥哥代表回原鄉祖祠祭祖。但他的「中國豬」說法使自己成了豬，更罵了父母祖宗全是豬，一個人「龍的傳人」不當，要當「豬的傳人」。可見，這就是政治和政府的魔力，政治可以讓人變成豬，我們如果要當個像人的「人」，千萬要遠離政治、政客和政府，如何「遠離」？

回到莫渝這首〈政客〉，詩寫於二〇一二年，不一定說那時的政客，也許是每個時代的政客．詩把「政」和「客」分開論說，極有深意。「政者／掌權玩錢……」，正是古今中外所有政客的形像；而「是客就不便也不願久留」，因為政客知道搞錢的風險，皆不能久留，狠搞一筆就閃人，不論那個政府都有很多貪官。但最經典的，還是「獨派政權」那八年，無官不貪，官夫人們更是大貪，貪得連領導自己進了天牢、發了神經。這也無所謂，貪得天文巨款足共子孫享用不盡，領導自己就「犧牲」一點，雖歷史留了臭名（中國歷史二十大貪官，阿扁排名第一。資料來源：網路），他的子孫會感謝他。

說到當領導搞錢，老番癲李領導比陳領導高明多了，他至少也搞了幾億，但至今台灣法律碰都不敢碰，台灣法律只辦窮人和殺人罪犯等，馬英九雖不搞錢，但我看他和政客所差無幾，他任內的林益世和葉世文貪案，更證明天下無不貪的政府。〈政府不可信〉、盡是〈政客〉，還有〈走狗〉。

「把他們擺放在門口。」
「僅僅門邊的小位子小洞口適合他們。」

豢養一大群狼犬

裝飾華麗的門面
還可以對外狂吠幾聲
試試忠誠度

豢養一大群鷹犬
跑遍各地
發揮鷄鳴狗盜的聯誼招式

終要　豢養一大股勢力
蛛網般盤踞
清除不乾淨的殘餘死角

註：日治時期的俗稱「三脚仔」，目前，該用什麼語彙？

「日治」是莫渝用詞，我用「倭竊」。所謂「三脚仔」，是倭國殖民時，對台灣人中告密者（走狗）的稱謂。人是兩脚，台灣人認為告密者（走狗），比人多了一條腿很會通風報信，故諷刺告密者（走狗）叫「三腳仔」。可憐啊！不智啊！日本不當台灣人是「人」，許多台灣人現在仍感念他們的殖民，奴才漢奸病毒之重，無藥可救！「三一一天譴災難」，台灣人竟捐了百億，不可思議！台灣人現在仍在迷失中，找不到自己的定位，「我是誰？」是台灣人難解的習題！

〈走狗〉寫的傳神極了，第一段形容走狗只能放在門口，住門前小洞，這是「小走狗」。但走狗也有階級層次不同，如最高領導身邊的走狗是「巨大走狗」，牠底下有中走狗、小走狗。事實上，走狗的存在是搞政治的必要條件，李領導、陳領導和蔡領導都須要很多走狗，政治才有辦法，走狗也可保障自己。馬英九不養走狗，所以他很慘！活該！他根本不懂政治，比我差很多，我若從政定要養很多走狗，讓詩人莫渝有更多走狗料材可以創作。

接下來有三段，以漸進式論述走狗的功能，真是太神妙了，走狗的功能是人類文明文化的重要資產。古今中外，所有的國王、皇帝、主席、總統等領導，乃至國家、黨派……都要一群群走狗，沒有走狗，所有的運作就全部停擺，非人民之福啊！

詩人莫渝學的是法文，對政治觀察如此深刻到位，幾可重修政治學內涵，他這三首詩，也道盡古今中外政治和政府的全部內容實事，藏政治於詩中，高明！高明！

第二、劉正偉《我曾看見妳眼角的憂傷》詩集中的「政治學」

正偉兄在《我曾看見你眼角的憂傷》詩集中，〈跋：愛與詩〉一文，開宗一句「人生苦短，隨緣隨喜」是他喜歡自我勉勵的話。

這個人生哲學與我相同，我喜歡，這些年（民83）我一直在台大（在職、退休、志工），碰到的人不是統派就是獨派，而從二〇一三年開始，接任「臺灣大學退休人員聯誼會理事長」，會員中不少是「政治玩家」（統獨都有），我身為理事長總要公平理事，「隨緣隨喜」是極佳的應對態度。

正偉的詩集中，也有不少很多政治意涵的作品，乃至對政治學表達了異樣看法。例如，〈新台灣人 — 記假油事件〉、〈那一年，我在紫禁城〉、〈親愛的〉、〈雞講也〉、〈拒馬〉、〈政爭〉、〈昇華的靈魂 — 悼外祖父逝世七十週年〉等，先賞讀〈雞講也〉。

有人問我：你有多少台灣意識？
從我呱呱墜落這片土地
我的父祖姐婆都住在這個山村

腳踏的地、頭頂的天
種的稻、喝的水、吃的米
都在這個山谷

你問我？是不是台灣人
我迷惑、起笑、低泣
每天質問我是不是台灣人
我感到莫名的悲哀
我墳墓裡的阿公的阿公的阿公
應該也會感到悲哀吧

註：此詩有感而發，〈雞講也〉取台語諧音「多講的」，「多此一說（問）也。

《創世紀詩刊》第一七七期，二〇一三年十二月。

這首國台語混搭詩，新一代台灣人對其中「字、詞」小有難度，我雖外省籍，但從小和「土台客」在鄉下混大的，許多自稱「真台灣人」，道地台語都差我很多。例如「起笑」台語和「笑」無關，而是「發瘋、神經、精神病」之意等，惟這裡的「起笑」是詩語言，應有双層意涵，笑死人或發瘋皆可。

對於整首詩的含意（義）和弦外指射，則所有住在台灣的人（原民、客家、閩南、各省、新移民等），大約都能理解，因為每天的新聞「轟炸」，把台灣人炸得四分五裂，都為這首詩所指射的各種問題。而這些「問題」本來都不是問題，台灣人自己小事化大，大事再加以複雜化，使其成為千年無解的難題。

為何「台灣問題」會成為千年無解的習題？須要追本溯源，從問題源頭說起。最初的問題製造者應是偉大的鄭成功，他若不收復台灣，後來日本強佔台灣則成了荷蘭割讓台灣，就算日本戰敗吐出台灣，台灣必然同韓國等殖民地獨立成正式國家。凡此，與中國關係不大。

有人會問，鄭成功不收回，難到滿清上下都沒有收回的眼光嗎？確實可能如是，因為中國古來的「陸國思想」不會意識到台灣的戰略地位，只要荷蘭人不進一步擾亂中國，台灣永遠是荷蘭人的。

偏偏鄭成功收回台灣，滿清又建「台灣省」，成為中國的一個省級地位。就在滿清尚未統一台灣前，明鄭內部已有統獨之爭（如今之台灣一模一樣）；接下來，倭國殖民時期，台灣內部也有統獨之爭，隨著一九四五年回歸中國，依法依理「台獨」已經消失了。歷史有時也很「隨緣」，偏偏國民黨丟了大陸江山，讓兩岸隔絕。此期間，美日野心家操弄，日本人留下的孽種作怪，台灣內部政治問題沒有處理好，讓台獨又不斷壯大。所以，台灣問題會拖很久，拖幾百年，統一又分裂，分裂又統一……

之所以成為這樣「惡性輪迴」，主要是台灣的地位夾在兩強之間。美國為首的西方強權，把南韓—日本—台灣—菲律賓之線，視為「國防戰略前緣」，台灣若和中國統一了，等於美國國防破個大洞，日本更怕中國強盛；另一方，中國已然崛起，並將從「陸國」向「海國」轉型發展，台灣是中國重要門戶，控制台灣（統一），中國向太平洋走向全球才能順暢。因此，對中國而言，乃至中華民族利益，台灣絕不能受制於美日等西方強權，獨立更不可能，可以這麼說，「獨立等於統一」，即武力統一。

反正台灣人「兩面不是人」，問題還會拖下去。正偉兄詩寫「我墳墓裡的阿公的阿公的阿公／應該也會感到悲哀吧」，其實到「孫子的孫子的孫子」，還在為同樣問題裴哀，分久必合，合久必分！

只有一種人不感到悲哀，那就是像我這種看穿歷史發展，澈悟中國歷史變遷，深解大國強權興衰道理的人。地球上自有強權帝國以來，荷蘭、西班牙、英國、美國，強盛最多一百五十年，就要讓出「領導」地位。這其實是自然法則、物理法則，東西久了會壞的道理，要悲哀什麼？就像中國，自古夏商周秦漢三國兩晉南北朝隋唐五代宋元明清，都走了，有一天「中華民國」和「中華人民共和國」也會走，都成為歷史；而中國，從未死過，未來也永恆不死！不相信我說的人，可以等著看下去……只怕你等不到就掛了。賞讀另一首〈拒馬〉。

黑夜裡，首都黑漆漆的馬路上
突然長出了幾千個黑色拒馬
團團圍住總督府，喔不，總統府
到底？馬拒人民
還是人民，拒馬
黑色，一直在思考著

朋友們，不要畏懼陰森的黑暗
或許，會被警棍敲破頭顱

或許在鐵蒺藜開出鮮紅花朵
白天，土地上將綻放萬萬朵向日葵
湧向自由民主的康莊大道
日日，向著永恆的太陽

刊於《台灣時報．台灣文學副刊》，二〇一四年四月六日

當我深思賞閱過莫渝的〈政府不可信〉、〈走狗〉、〈政客〉等詩作，再比較觀賞正偉〈雞講也〉、〈拒馬〉、〈政爭〉詩品，除了更深化我一向的看法，也讓我重新思考「政治學」的若干內涵，如國家的功能、政府的存在等。我放開視野，檢驗古今曾經存在的國家，都對人民持何種態度？那些政府都在為人民嗎？以近代國家為例，略可化約成三種主要型態：西式民主政治、社會主義和三民主義。另外非洲的部落國家和伊斯蘭政體，不列入討論。

曾經是全球視為普世價值的「西式民主政治」，在進入廿一世紀，開始被英美政治思想家高喊要「換一套制度」了，因為民主政治的核心價值資本主義，將會是人類的災難，這些問題是〈拒馬〉的形而上，一般人恐不易理解，只談〈拒馬〉的形而下。

〈拒馬〉的形而下，是為什麼幾乎所有政府〈政權〉都視人民如「敵人」，對人民總是抗拒、防堵和鎮壓。回顧三民主義政府、社會主義政府或民主政治，似乎給人民的災難多於利益。以號稱最民主的美國為例，實在是最為恐佈，人民被政府不知不覺的「騙」去送死，而死最多是別國人民。伊拉克有「毀滅性武器」嗎？把人家打垮了，根本沒有什麼毀滅性武器，真相是美國軍火商和政客要出清武器裝備，要維護美元地位和控制油源，人民知道嗎？反正死了幾百萬人，都不是美國人！幾百萬「歐洲難民」是美國政客和資本家製造出來的，美國人民知道嗎？美國人民在「無感」狀態下，政府和政客以「冷水煮青蛙」控制了人民，人民於是一批批被國家騙去送死！

放眼看看所有的政府，民主體制、社會主義體制，乃至伊斯蘭、三民主義皆如是，〈政府不可信〉，莫渝算是悟了，而正偉兄在質疑中。

回到正偉的〈拒馬〉，又讓我反思世界各國政府用來圍堵、鎮壓人民的工具拒馬，這還算比較溫和的，更多是更可怕的鎮壓，美國的種族歧視向來嚴重，關在監獄中的黑人有兩百萬，白人為其十分之一，很多黑人都是「莫須有」就關起來，常有種族暴動。多年前的「洛城大暴動」，由一個陸軍重裝師去鎮壓才平息，類似這樣政府對人民的無情鎮壓，在歐洲、非洲、亞洲……地球上，無時無處不有。

〈拒馬〉詩意象鮮明，讓人想到政府總把人民當敵人。當然，此〈拒馬〉一語双關，指的是馬政府，「馬英九偽政權」已去了西方極樂世界，但我相信「蔡英文偽政權」會有更多「拒馬」，台灣人的災難沒完沒了，是生生世世的「罪業」。

〈拒馬〉的最後三行，「白天，土地上將綻放萬萬朵向日葵／湧向自由民主的康莊大道／日日，向著永恆的太陽」，表面上的語意很健康，放之四海皆好，是反映當時的太陽花運動，「日日，向著永恆的太陽」隱喻世間的紛擾都是一時的，不管如何衝撞，明天太陽一樣升起，象徵著民主與太陽都是永恆不變的價值。再賞讀他的〈政爭〉一詩。

每天每天的每天
新聞節目二十四小時輪番瘋炸
螢光幕裡，總有辯論不完的真理
名嘴恣意噴灑，不負責任的口臭
每天總有人上台下台
像日昇月落
出生與死亡

卻從沒有人關心

香菜一棵漲到三十五元
也沒有人關心
街上撿紙箱的人變多了

人的心，比冬天還冷
街上滾燙的柏油，正在沸騰
行色匆匆的人們，像一隻隻
熱鍋上的螞蟻

《台灣時報・台灣文學副刊》，二〇一三年八月

這首詩文字淺白，語意深刻，人人能懂，詩人在說「名嘴」是台灣的災難，或提昇層次「媒體是台灣的災難」。這想必也是詩人要表達之意涵，但我提到最高層次，有政

府必有政治，有政治必有政爭，根本解決之道是澈底廢除政府，政府不會自動廢除，須由人民起來推翻。

推翻政府（或一個政權）很困難，因為政府由一群即得利益者〈政客、資本家〉組成，他們手上握著所有致命凶器（軍、警）。但只要人民力量夠大，一定能推翻政府，歷史上所有被終結的政權〈政府〉，不都是被人民力量推翻的。

在台灣各級「不法政府」尚未被推翻前，先來賞讀〈政爭〉，主要批判台灣「名嘴」新聞節目，其實「名嘴」亂源已是「末端」，名嘴上層則是統獨鬥爭在操弄。而台灣所有各類型媒體，獨派媒體勢力強大，統派媒體力量很弱，我認為，這種亂像是不會停止的，因為統獨鬥爭會在台灣拖很久，拖很多代，政爭沒完沒了，新聞會越來越「毒」，所有台灣人都會被毒害，無從脫離。

台灣媒體不僅是「亂源」，更是一種「毒品」。台灣的「毒油、毒食品」聞名於世，但毒油毒食品只毒害「一部分人」，且毒一時，但「毒媒體」則毒害全民，毒害人民一生一世，乃至遺傳毒害下一代，毒害整個民族。台灣這種「毒媒體」，以《自由時報》最毒、最恐佈！

幾年前，我看到《自由時報》頭版大新聞，圖文並茂，斗大黑字標示「中國人都在路邊小便」，每個字約四平方公分，大大一幅彩照，是大陸一條高速公路，一部車停路邊，駕駛在路邊尿尿，我一看，好毒的媒體，其領導階層這樣幹，難到不怕困果報應？不怕下十八層地獄。這樣的情事，在台灣別說高速公路邊，就是台北市區，我也常親自看到街角、巷邊，計程車司機就地小便，放眼全球，在美國、倭國……相信不難看到，但總是極少的現象。

第三、比較與結語

本文經由賞讀莫渝和劉正偉的「政治詩」，刺激我很多感想，尤其二位詩人的政治學觀點，盡可從詩中讀出。雖說「文本誕生、作者已死」。但他們的詩卻活生生的啓發讀者，帶動讀者有意想不到的創發，這是詩的力量，可以抗衡政治、穿透歷史的力量。

比較二位詩人，莫渝的詩味「鹹、溼、重」，可謂重鹹、重塩，並直指問題的核心，如〈政府不可信〉、〈走狗〉、〈政客〉。讀之大快人心，好爽！易於引發革命！

相對於正偉，則較含蓄，體現一些無奈！當然政治批判力道也強，較能促人反思。如〈雞講也〉、〈拒馬〉、〈政爭〉，把政治問題再丟給人民，要怎麼辦就看人民怎麼想！

但本文要看我怎麼想！前面我已提到必須由人民起來推翻政府，而政府推翻了怎麼辦？人民怎麼辦？是否再組新政府？也就是我的政治思想、政治學主張是什麼？我總要有個交待，以下分兩點略述。

第一、廢除〈推翻〉所有國家、政權和政府，保持莊子的「無政府主義」狀態。有國家必有政府，有政府就有政爭、政客和走狗，解決之道，各國人民要起來推翻政府，終結國家之惡。國家和政府都消滅了，不能再成立新國家和新政府，人民才能自由、自在生活。因此，我鼓舞台灣人民、軍警，要起來推翻「蔡領導政權」，之後不要再組新政府，台灣人民才能自由、自在地生活。

第二、是更重要的挽救「地球第六次大滅絕」。這原本是數百年後才會發生的事，但因人類推行民主，走資本主義、市場經濟，導至地球第六次大滅絕提前發生。現在地球快垮了，本世紀末大滅絕就會發生，若能廢除國家、政府，商品就不會過度製造和消費，人類在自然狀態下生活，最能維護地球生存環境，大滅絕將有機會延後。

國家和政府都不可信，是一種罪惡，是所有人民的敵人。世界各國人民，居於前述兩點，也為自由、自在的生活，大家起來推翻本國政府，終結國家的罪惡，起來吧！結束國家和政府，從此沒有政爭和走狗！

二〇一六年八月十五日重新整理

第十三章　那些貓詩，莫渝、劉正偉和愛倫坡的貓

我最近有些閒情，拿起正偉兄的詩集《我曾看見妳眼角的憂傷》，及莫渝兄的詩集《陽光與暗彩》。下午或睡不著的夜晚，拿詩下酒，也讓我想起年輕時代的憂傷，但首先吸引我的是那些「貓詩」。

莫渝的「貓」系列作品，正偉的〈貓貓雨〉和〈貓〉，意象意涵都很「弔詭」，深值「解碼」，窺其「真相」才大快人心。而莫渝的〈黑貓〉，則是衍繹美國詩人、小說家愛倫坡的〈黑貓〉，但不讀愛倫坡的〈黑貓〉，是不能理解莫渝的〈黑貓〉詩的。

正好我學生時代很喜歡愛倫坡的作品，翻譯不少愛倫坡的恐怖推理小說，刊在台北《偵探雜誌》。後來這些翻譯小說，很久才由文史哲出版社出版《愛倫坡恐怖推理小說

經典新選》（民98）。本文略說愛倫坡的〈黑貓〉，再來賞讀莫渝和正偉兄的「貓詩」。

一、愛倫坡的〈黑貓〉簡介

愛倫坡（**Edgar Allan Poe, 1809-1849**），是美國詩人、小說家。但在西洋文學史的地位上，他是「恐怖推理小說之父」，因他建構了偵探小說的「基本元素」，後來英國的柯南道爾（**Sir Arthur Conan Doyle, 1859-1930**）發揚光大，創造了「福爾摩斯」（**Sherlock Holmes**）角色，在全球小說界大放異彩。

〈黑貓〉是愛倫坡的一篇短篇小說，翻譯可見拙譯書《愛倫坡恐怖推理小說經典新選》一書，文史哲出版社，二〇〇九年二月，八九到九三頁。以下以愛倫坡第一人稱，略說〈黑貓〉情節：

我和妻子養了幾隻可愛小動物，鳥、金魚、小狗和一隻貓。這隻貓又黑又大，我叫牠「閻羅王」，是我最疼愛的小寶貝，牠始終跟著我在屋裡團團轉，要阻止牠跟隨反而令我困擾。

我和貓的感情維持了幾年，但這幾年我的個性變得易怒、無常。對了！太太也是我的心肝寶貝。有一次我從酒館大醉回家，一進門，牠，閻羅王竟擋在我前面，我暴怒從大衣裡拿出小刀，抓住牠的頸子，挖掉牠一隻眼睛，把牠丟在地上。

牠慢慢復元，從此不理我。這反叫我生大氣，內心開始有一種感覺，牠不死，就是我死，但我沒有死的理由。終於，有一天我把牠吊死在地下室，我含淚吊死牠。就在這晚，我家房子失火了，我懷疑，閻羅王是否要向我報復？

有一天我在酒館看到一隻和閻羅王幾乎一樣的貓，牠尾隨我回家，那天起我就有不安的感覺。牠又愛跟著我，有一天妻在地下室叫我，下梯時牠險些絆倒我，我火冒三丈，拿刀刺向貓，妻立刻出手阻止，讓我更火大，毫不思索地用刀尖刺向她心窩。她倒下，死了，我找貓，牠已不知去向。

我得處理屍體，地下室牆角有個洞，把她弄進去，泥土石頭堆上去，誰也看不出來。日復一日，有人問起我太太，都讓我敷衍過去，直到有一天，幾個警察來了，他們在地下室都看不出破綻。直到他們要離開地下室，我竟像鬼附身，說：「這牆很牢固。」又用手敲擊藏屍體那面牆。

突然，我聽到牆裡傳出淒厲慘叫，我不寒而慄。那警察開始搬動土石，不一會兒，太太的屍體出現了。而那隻貓，也站在打開的牆洞口，是牠叫出「報復的一聲」！

二、莫渝〈黑貓〉，衍繹愛倫坡的〈黑貓〉

愛倫坡的〈黑貓〉是小說，莫渝的〈黑貓〉是詩，以詩衍繹小說，詩人想要表現或說什麼?先來賞讀莫渝的〈黑貓〉。

不論把我怎麼處理
或寵或棄　甚至無情毒手
我的魂魄都要跟著你
跟著，講明一點就是糾纏
就是愛

黑，是我的本質
女巫賜予的
同時逼你現身
擔綱這齣戀情劇的要角

扮演好人兼職殺手的故事

愛我，請一刀斃命
好讓靈魂宅急便地提早黏住你

愛倫坡的〈黑貓〉，是一八四三年發表在費城《莎坦聯合雜誌》。這篇小說企圖呈現陰森、詭異的氣氛，題材雖不突出，技巧則是當時的空前。小說中的「我」，心中滿是怨怒和矛盾，可謂變態，恨貓殺貓是他對妻子殘忍的伏筆，最後以黑貓替女主人來報仇為結尾，前後情節都很耐人尋味。

莫渝的《黑貓》是小說的「衍繹」，說出小說作者所沒說的，或作者（愛倫坡）的「內心真相」，也就是潛意識心理分析。愛倫坡的每一篇小說，都是潛意識心理分析的極佳作品，如果請一位心理分析師來剖解愛倫坡的〈黑貓〉，大致亦如莫渝的詩說。

又到底說了什麼？「不論把我怎麼處理／或寵或棄　甚至無情毒手／我的魂魄都要跟著你／跟著，講明一點就是糾纏／就是愛」……

這真是很詭異，寵是愛、棄是愛，殺了也是愛。實際說的是人性的「愛恨同體」，人性中最難處理，最可怕的糾纏就是「愛」（也是恨）。古今中外，不論男人女人，多得是「得不到就殺掉、毀滅」事例，這是人性最黑暗的一方「宇宙大黑洞」。「黑，是我的本質」，但黑在裡面，在心肝，外表看來仍是個慈善者，故「我」是「扮演好人兼職殺手的故事」。

「好人兼職殺手」，也是人性的另一個「大黑洞」，黑得不得了！事實上也只有一種人「不黑」「不再犯錯」「沒有問題」，那就是「死人」，只有死人不再「兼職殺手」。所有活著的人，他每天都在「扮演好人兼職殺手的故事」。這就是人性，善惡愛恨同一本體。

也許，有一天你為了愛，必須「愛我，請一刀斃命／好讓靈魂宅急便地提早黏住你」。但詩人，只會用詩，而不是用刀吧！

三、劉正偉的〈貓貓雨〉和〈貓〉

愛倫坡和莫渝的〈黑貓〉，屬潛意識心理學範圍，是有根有據的人性解剖。而劉正偉的兩首貓詩則屬想像之作，張開詩的翅膀，發揮想像力，影射兩性關係，有豐富「性」的意涵。仍在兩性關係的「自然法則」中，所以也是人性之衍繹，先賞讀〈貓貓雨〉：

天空下起貓貓雨
柔順如妳細毛的溫柔貓暱
撫摩擁有的美好時光
纏綿，繾綣

雨絲，密密綿綿
如絲，如線
將往事輕輕串起

貓貓雨，有著溫柔的細爪
常常輕易地，將回憶抓傷

註：貓貓雨，毛毛雨的諧意。《創世紀》詩刊，一七九期（二〇一四年四月六日）

此貓貓並非「貓」，這才是可愛、高明。這首詩可以很快讓男人進入「性愛情境」。

第一行「天空下起貓貓雨」，完全客觀景物的描述，人不會有任何想像，第二行開始立即進入另一個情境，一個「林志玲」在我懷裡。

「柔順如妳細毛的溫柔貓瞇」，想像著，你抱著心愛的情人（假設就是林志玲，她是我的夢中情人，也是所有台灣男人的夢中情人，引她入詩最美。），或兩人躺在床上，你撫摸她如雪白滑嫩的肌膚，柔順的細毛讓你「忘我、無我」……無聲勝有聲之際，「撫摩擁有的美好時光／纏綿，繾綣……密密綿綿……」

「撫摩擁有的美好時光」，表示美好時光都是短暫的。不論任何男人女人，一輩子所能擁有的「浪漫情人關係」，頂多二、三年，絕不會超過五年，很多人則根本沒有「機緣」，或不敢「創造」機緣。從人生的意義，感情發揮和寄託有些可惜！但可能另有所得。

這首詩的美，在於完全「不碰」人性的黑洞，雖然「常常輕易地，將回憶抓傷」。情人也會吵架，但不是像愛倫坡，「愛我，請一刀斃命」！賞析另一首〈貓〉。

親愛的繆斯，請將我
變成一隻可愛的小流浪貓

我將被心儀的人收養
夜裡，溫暖她的被窩
守護她的夢境不被驚擾

傍晚，躺在她的懷裡撒嬌
隨著她的白日夢起伏
用溫潤的舌尖，親親
在她酡紅的臉頰
輕輕的寫一首小情詩

《創世紀》第一八〇期（二〇一四年九月）

嚴格說來，此〈貓〉亦非「貓」，而是一個男人，他在找尋生命中的「天命情人」之期待。但這種期待和現在流行的客觀「情境」有關係。

現代社會常見女人抱著寵物貓，那貓真是太幸福了。極少看見大男人抱著貓，民間曾流傳「女不養狗、男不養貓」的說法。詩人乃想像自己化成一隻貓，有機會碰到「天命主人」，讓她抱抱，若有機會讓她抱抱，不也等於你抱著她，她就是你的「天命情人」。

詩中「溫暖她的被窩」「躺在她的懷裡撒嬌」「用溫潤的舌尖，親親」，都在暗示兩性關係，乃至影射性關係。溫暖她的被窩，等於她也溫暖你的被窩；躺在她的懷裡撒嬌，等於她也躺在你的懷裡撒嬌……不是嗎？

記得讀高中時，國文老師要全班同學解讀李商隱〈無題〉一詩，寫一篇作文。「相見時難別亦難，東風無力百花殘……」全班竟沒有相同的解讀，沒有兩位答案相同。那時我就覺得，詩，太妙、太神了！讀者看倌，你讀愛倫坡、莫渝和劉正偉這些「貓」，你讀出什麼？歡迎你來試試！

註：本文引愛倫坡、莫渝和劉正偉作品，見下列三書：

莫渝，《陽光與暗影》（台北：新北市政府文化局，二〇一四年十月）。

劉正偉，《我曾看見妳眼角的憂傷》（苗栗縣政府，民二〇一四年十一月）。

陳福成，《愛倫坡恐怖事理小說經典新選》（台北：文史哲出版社，二〇〇九年二月）。

第十四章　說說〈時尚海報〉一詩的故事

慕夏（Alphonse Mucha, 1860–1939）

廣告時代來臨
裝飾變妝成藝術
任何商業靠女人支撐
任何廣告都得
優雅魅力華貴脫俗
階段性的意外成就
歌劇天后的完美女性海報
單車廣告續添完美

保羅・高更在慕夏的工作室裡
擺姿勢　　1895

香菸也要女子
女人不再是神話

與時跟進的前衛設計師
幸福的藝術家
用線條與花卉萌現活力動感
創造出綜合聖母與維納斯的新時代女性

二〇一七年二月二十八日

這是我們《華文現代詩》同仁莫渝，在他的新著《畫廊—莫渝美術詩集》現代詩集（臺北：文史哲出版社，二〇一七年十月）的一首詩，寫的是捷克「新藝術」畫家慕夏。慕夏的成就（新藝術畫風），可視為歐洲近現代藝術思想發展的小小縮影。因此，本文要略說慕夏的故事，深化莫渝這首詩的賞讀。

一、慕夏出生背景和少年時代

一八六〇年七月二十四日，捷克一個小城伊凡席澤（Invancice），城裡有個小監獄，關的人犯很少。監獄一個小職員名叫安德雷・慕夏（O.Mucha），他的妻子在這天產下一名男嬰，取名Alphonse（阿爾豐斯）。慕夏家在此很久了，小鎮單純，家人也都住在監獄裡，監獄旁是鎮上最大的馬路，對面就是政府辦公所在。

伊凡席澤在捷克東部，位第二大城市布爾諾西南方約二十公里，平地起伏和高大森林，農產大宗是葡萄，附近成為著名產酒區。

政府建物從十六世紀至今沒有什麼變化，拿破崙在「三皇會戰」駐軍於此，慕夏家旁的政府廳二樓是拿破崙的軍醫院。

在斯拉夫語系中，Mucha 這個字是蒼蠅。慕夏童年就喜歡藝術創作，十一歲時離家前往大城市布爾諾，加入教會的少年合唱團，四年後回到家鄉。

慕夏出生於伊凡席澤市的這棟房屋中，房屋左方即該鎮最大一條街，隔街與現有的市政府相望。

他老爸運用自己監獄職員的關係，為他在法院找了一個小職員工作。十八歲時，申請布拉格美術學院，結果被拒絕了，「少年人，你去搞別的吧！」

慕夏並未灰心，他說服老爸給點經費，他到了維也納弄到一個劇場的布景畫師，但不久一場燒死五百人的劇場大火又丟了工作，只好去流浪。不久得到貴族贊助，到慕尼黑、巴黎學習藝術，一八九〇年前後在巴黎安頓下來。

二、慕夏事業大起飛

五年後，一個淒冷的聖誕夜前夕，慕夏的機會來了。印刷廠急須一位畫詩，為大名鼎鼎的歌劇女演員莎拉（Sarah Bernhardt）繪製海報，名氣大的畫師都跑去渡假了，慕夏接手這份工作。

他發揮天份，莎拉的海報讓它一夕成大名，並以外國人的身份拿到五年合約，專為莎拉繪製海報和設計舞台。一八九五年慕夏事業大起飛，他繪製的海報，裝飾屏風大暢銷，工作室更大

Photograph Mucha in his studio 1898

了，並陸續舉辦個展。他拿到第一筆錢買了一臺風琴，高更曾和慕夏共用工作室，彈過這台琴（如圖，目前存放布拉格市慕夏基金會所）

慕夏代表作品甚多，如傳奇性的〈百合聖母〉、〈荒野中的女性〉（來臺展過）。而最著名的是一九一〇年－一九二八年間自己獨立完成的《斯拉夫史詩》，共有二十件組成，如〈斯拉夫民族的祖居地〉、〈斯拉夫的節慶〉、〈斯拉夫宗教簡介〉、〈波希米亞王〉等，可見他多麼熱愛自己的民族，也算是民族主義者。

三、慕夏的晚年

歷史往往給人意外的災難，因為歷史的前進有一股大潮流，個人只是大潮裡的水滴，小水滴怎麼能抗拒大潮流。

一九三九年，納粹德國佔領捷克，第一批逮捕名單

春（The seasons spring）
28x15cm　1896

夏（The seasons Summer）
28x15cm　1896

秋（The seasons Autumn）
28x15cm　1896

冬（The seasons Winter）
28x15cm　1896

就有慕夏大名，藝術家承受不住壓力。這年七月十四日慕夏去世，告別式當天有十萬名布拉格市民為他送行。

慕夏的兒子伊里・慕夏，加入英國空軍，娶了英國女子潔若汀為妻。伊里去世後，潔若汀仍在，守著慕夏所有的作品，他們的兒子約翰考量遺產稅太高，以所有慕夏遺產成立「慕夏基金會」，保存藝術作品並巡迴世界各地展出。

四、繪畫「新藝術」代表慕夏

所謂「新藝術」，當然就是一個時代藝術思想的領航者，會表現在很多領域，建築、美術、詩歌（現代詩）等都是，而慕夏是美術繪畫領域的「新藝術」代表者。

為何會有新藝術的出現？我認為這是人類社會發展的「自然現象」，東西用久了人生厭，就會出現新東西取代。工業革命後十九世紀的歐洲，人的生活出現大改變，但裝飾形式仍存在古典時期，如英國充斥維多利亞風格，法國新古典主義當道，美國是混雜折衷。這些過去式的舊貨（歌德、文藝復興、新古典），讓當時的藝術家們深感必須起而改革，一種「工藝美術運動」風潮漸漸就形成了。一九〇〇年法國博覽會後，歐陸各國都邁向新藝術風潮流向。

紅寶石（Therecious Stones：Ruby）
62x25cm　1900

紫水晶（The Precious Stones：Amethyst）
62x25cm　1900

祖母綠（The Precious Stones：Emerald）
62x25cm　1900

新藝術內涵包含人們各生活面，建築、設計、傢俱、首飾、繪畫、雕塑……有一個現象是運用「女性曲線」和「女人美感」，做為創作風格的裝飾圖案特別多。慕夏作品極多是女人，經由「女人魅力」使商品大暢銷，這就是莫渝詩所述**「任何商業靠女人撐」**，看看現代電視或平面媒體廣告，確實如是。

到底是誰把女人「物化」？誰把女人「價格或價值化」？是慕夏嗎？應該不是，事情沒那麼單純！

筆者對繪畫一向外行，因此對慕夏的畫除了欣賞、讚嘆！不做任何評述。本文只是對莫渝的詩，衍繹出一段慕夏的故事，這是我多年前在布拉格留下的唯一記憶。

月份明信片六張(Les Mois—postcards)
9.5x14cm　　　　1899

柔多瓶茅牌香水(Lance Parfum Rodo Boottle)
直徑 7 公分　　　　1896

第十五章　畫家的女人們

——賞讀《畫廊—莫渝美術詩集》之問惑

為什麼畫家都要畫女人（女體）？詩人也都要寫女人？不管男畫家、女畫家幾乎無不畫女人！這個問題要是深入探討，可能要寫幾十萬字學術論文，對這個「問惑」才能解開一些根本性的問題。

但筆者對畫（西畫或國畫）皆不內行，只是心存好奇，想要知道畫家畫女人的心態；或存疑於「女人」這種「生物」，總覺得像星際科幻片裡的「異形」，牠（她）可以有極高的「能量」，可以很快「抓住」畫家，並「佔領」畫家全部身心靈，畫家就只好畫牠（她）了！

曾幾何時，牠（她）佔領了人類全部的商業活動。**「廣告時代來臨／裝飾變成藝術／任何商業靠女人撐……」**（註①）放眼看現代的各行各業，女人已是價值和利潤的同義詞，若是「美女」，表示高價值和高利潤。更有統一的註冊標準，各等級美女價格價值利潤差別很大，大大的影響代言產品的市場佔有率。所以詩人才說，任何商業活動靠女人撐著。

莫渝最近出版的新著《畫廊—莫渝美術詩集》詩寫了很多中外畫家，都是他看畫賞畫的心得詩記。而我天生對顏色、光線等敏感度不高，所以看畫看不出名堂，但對畫的內容則有幾分好奇，尤其畫家為什麼老愛畫女人？透過莫渝的詩，我「問惑」於他的詩，看看能發現什麼？以下都不再追蹤畫家背景，就詩論詩。賞讀〈波希米亞的耽溺—常玉（一九○一——一九六六）〉。（註②）

從東方啟程
Playboy 的瀟灑紈絝
沉醉於花都的藝術風景
迷亂在裸露、解放、無所謂、無承擔

酒，必然的
足可取代女人

女人，更是需要的
用畫贏得

誰沒見過豔麗的肉體？（註）
以藝術為名
女人的青春胴體
在浪子的筆下輝煌起來
誰能詮釋這些畫？
簡約數筆，畫像即實體！

註：徐志摩（一八九六－一九三一）散文〈巴黎的鱗爪〉第二篇〈先生，你見過艷麗的肉沒有？〉，文章裡提到的畫家，沒有明確指明哪位。其實就是常玉。常玉生卒年份，在巴黎的墓碣寫：一九〇一－一九六六。臺灣出版常玉書刊畫冊，有些標示一九〇〇－一九六六。

二〇一七年二月九日

人類的眼、耳、鼻、舌、身、意及其他科學家叫得出稱謂的感覺系統，全部是屬於「感官」的，透過酒和女人最能快迅、直接得到滿足，刺激性也最強烈。這種感官不能缺少「性的誘惑」，只有加上性的誘惑才能製造充足的「力必多」（Libido，或譯生命力），

最有機會創建自我實現王國，這裡「艷麗的肉體」、「女人的青春胴體」，正是藝術家、畫家們，追求自我實現的「橋梁」，或者也是目標。

畫家若能在完全自由狀態下，任意揮灑「艷麗的肉體」或「女人的青春胴體」，這不是大解放這是什麼?所謂人生的完全自在、自由、解放，正是這個境界。**「畫像即實體」**，反之「實體即畫像」，美女盡在畫家賞玩中。賞讀〈唯女人是美－竹久夢二（一八八四－一九三四）〉。（註③）

唯女人是美
畫家如此描繪如此詠讚

豈止暖春艷夏
連秋冬多彩情韻一併釋放
不藏私無吝惜

大眼長眉瓜子臉細白纖手微現腳趾
體態溫順柔媚卡娃伊造型

夢幻少女畫迷魅情竇初開
迷魅少年川端康成

流露無常虛像的愁悵
瀰漫大正時期的浪漫哀怨風味

唯女人具永恆美
留駐青春容顏服飾
傳播傳染夢二的唯美絕唱

二〇一七年二月十五日

這位畫家眼中，女人是世間唯一的美，此外一切均非美，男人、山河大地及其他均不如女人的美。為什麼畫家都喜歡畫女人？原來這裡有了答案，唯女人是美。因為繪畫是靠視覺才能欣賞的藝術，視覺美感最須要感官刺激和反應，由此觀之，女人確實是世間唯一的美。

美的標準何在？詩人說了（應該是畫家畫意所示），**「大眼長眉瓜子臉細白纖手微現腳趾／體態溫順柔媚卡娃伊造型」**。太好了！這是天下男人的最愛，難怪畫家詩人都愛，不僅是女人唯美，而且是唯女人具永恆美。生為女人應為人間最幸運之人，人間之寶貝，但為何就全地球上平均而言，多數地區女人仍活得如「次等國民」。女人，到底是寶貝、玩物或只是一件「商品」？？

這首詩（或畫）只強調美，並未提到真和善，似乎僅偏重感官肉慾之美，忽略了「真」和「善」。任何藝術領域要講到境界，少不了是真善美三者合體，缺一不可。但三者是否有「主從關係」？文壇前輩鍾鼎文先生在心笛詩集《貝殼》的序說，「在我個人看來，三者之中以真最為重要，真是通向善和美的唯一途徑，不通過真、不是真善，不是真美。」（註④）顯然確認三者有主從關係，以真為主，善美二者為從。鍾鼎文在同一序文也認為中國現代詩，首先必須是真的詩，通過真實性才能創造現代風貌，表現現代精神。不誠無物，不真無詩。

這其實不是鍾鼎文個人如是，中國詩學的言志論、緣情論，都強調「以真為美」的美學觀念，所以詩歌必須根於真性情、真感情。中國詩學另一個特徵是「以善為美」，善與美和真是不可分割的，不論談人品、詩品、藝術，善都以真為條件，無真則無以為善。

綜論真善美，雖有前述主從或條件說，但真、善、美三位一體的完整與和諧，是一切藝術追求的最高境界，詩亦如是，仍是無法推翻的鐵則。由此觀之，**「唯女人是美」**、**「唯女人具永恆美」**，不管是畫意或詩意，都有偏執之嫌，唯偏執、偏鋒，乃至針對某一部突破走出「極限」，並非全然壞事。例如，某一數學天才，其他方面全不及格，僅在數學大放異彩，此在學術界極為普遍，他們不追求完整、和諧或完美，只讓偏鋒成為「天下第一」。文學界這種類型也很多，古龍的武俠小說只寫「友情」，沒有愛情和親情，而有的作家只寫愛情，沒有另兩者。文壇藝界亦如眾生，百花各放！賞讀〈裸女和酒精－莫迪里亞尼〉（Amedeo Modigliani, 一八八四－一九二〇）。（註⑤）

「我愛活生生的美麗肉體，
比起你畢卡索用線條切割的，
真實新鮮。」

一手在柔酥青春女體遊走
一手順著腦中葡萄樹藤攀爬
結構了美與酒的幸福頹廢

閉目或睜眼
躺或斜臥
露毛之必要
挑戰大眾的神經
酒精之必要

麻醉現實的困境
我的愛就是畫
持續畫畫之必要

二〇一七年二月二十七日

活生生的「美麗鮮肉」，新鮮……誰不愛吃鮮肉？一手在柔酥青春女體遊走，一手……美與酒的幸福頹廢，露毛之必要……遊走於情色、色情和藝術之間，挑戰人類的文明或不文明。

人的身體，特別是女人，裸露出肉體或器官，是一種美嗎？可以是一種藝術？想必這是永遠沒有答案，只有讓「萬法唯心造」去做詮釋。但從東西方文明發展史事實看，中國的儒家文明文化不碰這個議題，西方從希臘文明開始，就以人的裸體做美術創作

圖片來源：同註⑥

的主題，甚至讓「女人裸體」象徵「政治概念」的核心內涵，如「民主」、「自由」、「解放」。一八三〇年代浪漫主義者德拉克洛瓦（Eugene Delacroix）有一張名畫，〈自由領導民眾〉（Leading the people），如附圖。（註⑥）畫面主角是一位半裸女子，露兩點，手拿法蘭西國旗幟，象徵人民對自由民主的追求。

自由民主和女人肉體是完全不同的概念，到底畫家（或賞畫的人）是對自由民主有了認識，還是對女人肉體的感動？〈裸女和酒精〉一詩亦是，**「我的愛就是畫／持續畫畫之必要」**，是愛活生生的美麗肉體或是繪畫藝術？中間有廣闊的灰色地帶。

在巴黎奧賽美術館（Mus`ee d`orsay），典藏著不少十九世紀法國印象派畫家竇加（Edgar Degas）的裸女畫。（註⑦）奇怪的是，這些裸女並非一些高貴的「名模」，而是妓女洗澡上廁所的極私密畫面，這些被所有「文明社會」視為骯髒低賤的肉體，如今是國之重寶，典藏於國家美術館，供代代子民們欣賞。

莫渝《畫廊》詩集，還有不少以女人女體為主題的畫，如題王慶民銅雕的〈挑情〉、寫潘朝森的〈美女無言〉、寫克林姆的〈金色頹靡〉、孟克的〈釋放壓抑〉、羅蘭珊的〈永遠的玫瑰〉等，都在女體上做文章。

看了這些畫家的女人們，心中的「問惑」依然未解，牠（她）到底有何能耐「佔領」

畫家的心靈，不外是「美麗的鮮肉」。但妓女肉已然不鮮不美，竇加為何仍愛？莫渝嘗遍中西畫，或許知道個道理。

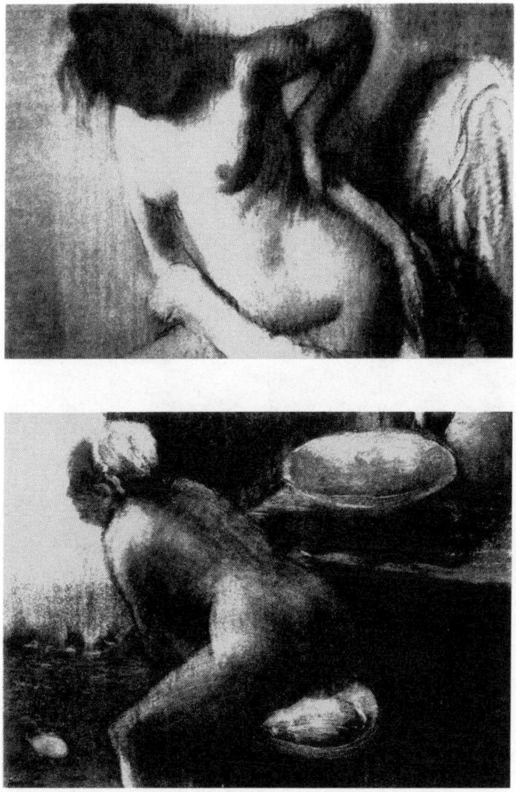

圖片來源：同註⑥

註釋

① 莫渝，〈時尚海報─慕夏慕夏（Alphonse Mucha, 一八六〇─一九三九）〉，《畫廊─莫渝美術詩集》（臺北：文史哲出版社，二〇一七年十月），頁一四二。

② 莫渝，〈波希米亞的耽溺─常玉（一九〇一─一九六六）〉，同註一書，頁一五一。

③ 莫渝，〈唯女人是美─竹久夢二（一八八四─一九三四）〉，同註一書，頁一四八。

④ 心笛，《貝殼》（臺北：時報文化出版事業有限公司，民國七〇年八月五日），頁一二一─一二二。

⑤ 莫渝，〈裸女和酒精─莫迪里亞尼〉（一八八四─一九二〇），同註一書，頁一四七。

⑥ 蔣勳，《肉身供養》（臺北：有鹿文化事業有限公司，二〇一三年十一月），〈肉身思維〉章，頁一四〇─一四七。

⑦ 巴黎奧賽美術館，最有代表性的近代藝術博物館，主要收藏一八四八到一九一四年的繪畫、雕塑。位於塞納河左岸，和羅浮宮斜對，隔河和杜伊勒里公園相對，竇加裸女畫很多典藏於此。

莫渝生命歷程與寫作年表

一九四八年（民國三十七年）一歲

△元月二十四日，出生在苗栗縣竹南鎮。（農曆丁亥一九四七年十二月十四日）

一九五四年（民國四十三年）七歲

△九月，就讀竹南鎮照南國民學校

一九六〇年（民國四十九年）十三歲

△九月，就讀新竹縣立第一中學初中部

一九六三年（民國五十二年）十六歲

△六月：新竹縣第一中學初中部（今：建華國中）畢業。

△十月：就讀台中師範專科學校夜（五年制）。

一九六四年（民國五十三年）十七歲

△六月，詩〈晨露〉刊登於台中師專校刊《中師青年》。

△十二月，詩〈藍湖拾掇〉三首與〈五月的夢〉刊登於臺中師專校刊《中師青年》（校慶特刊）。

一九六五年（民國五十四年）十八歲

△四月，詩〈給憂鬱的年華〉刊登於臺中《民聲日報》學生園地。

△七月，詩兩首〈待〉與〈熱帶魚〉刊登於《葡萄園》詩刊第十三期。

△九月，購得《覃子豪全集Ｉ》

△十月，購得覃子豪譯《法蘭西詩選》第一集

一九六八年（民國五十七年）二十一歲

△春，整理習作詩文手稿，裝訂成冊，取名《啞默的序曲》；請陌上桑與陳恆嘉兩位學長評閱、眉批。

△六月，臺中師範專科學校畢業。

一九六九年（民國五十八年）二十二歲

△十月，參加復刊的《這一代》雜誌（陌上桑、陳恆嘉、洪醒夫等人）。

一九七〇年（民國五十九年）二十三歲

△四月，詩〈黃昏鳥〉刊登《台灣文藝》二十七期。

一九七二年（民國六十一年）二十五歲

△四月九日，與黃素昭結婚。

△八月，應洪醒夫邀請，加入「後浪詩社」。

△十月，就讀淡江文理學院（今：淡江大學）夜間部法國語文學系。

一九七三年（民國六十二年）二十六歲

△九月四日（農曆八月八日），長子逸寧出生。

一九七四年（民國六十三年）二十七歲

△十一月，開始規劃介紹法國詩人，刊登《詩人季刊》第一期。

一九七五年（民國六十四年）二十八歲

△六月，〈近二十年（一九五四～一九七四）外國詩集詩選詩論詩人傳記中譯本書目〉刊登《書評書目》第二六期

一九七六年（民國六十五年）二十九歲

△一月，策劃「法國詩人梵樂希紀念小輯」刊登《幼獅文藝》第二六五集

△四月，〈《覃子豪全集Ⅲ》〉補遺，刊登《書評書目》第三六期

△六月：淡江文理學院畢業。

一九七七年（民國六十六年）三十歲

△一月，出版第一本文學翻譯《法國古詩選》（高雄三信社）。

△十二月，出版編輯《紅德研究》、《梵樂希詩文集》（大舞台書苑出版社）

一九七八年（民國六十七年）三十一歲

△元月：譯詩《在地獄裡一季》出版，高雄大舞台書苑。

△四月：離開後浪詩社。

△六月，獲優秀青年詩人獎。

一九七九年（民國六十八年）三十二歲

△二月，出版第一本詩集《無語的春天》（高雄三信社）。

△十一月，出版翻譯《法國十九世紀詩選》（志文版）。

△鄭烱明推薦邀約加入《笠》詩社。

一九八〇年（民國六十九年）三十三歲

△六月：詩集《長城》出版，秋水詩刊社。

△八月，出版編輯《法國散文選》（春暉版）

一九八一年（民國七十年）三十四歲

△八月：文集《走在文學邊緣》（二冊）（商務版）

△九月，出版翻譯《磨坊文札》（志文版）

△十二月：散文詩譯作《遠征》出版，台北，遠景出版社。

一九八二年（民國七十一年）三十五歲

△三月，出版翻譯《異鄉人》（志文版）

△九月：赴法國進修。

一九八三年（民國七十二年）三十六歲

△二月，出版評論《法國詩人介紹》（商務版）（一九九六年二月，改版《法國詩人二十家》）

△六月，返回臺灣。

加入《笠》詩社。

一九八四年（民國七十三年）三十七歲

△二月：譯作《比利提斯之歌》出版（志文版）。

△四月十九日（農曆三月十九日），次子益民出生。

△六月，獲笠詩獎第三屆詩翻譯獎

一九八五年（民國七十四年）三十八歲

△九月，出版翻譯《惡之華》（志文版）。一九八三—五年，翻譯法國以外瑞典、丹麥、海地、以色列、匈牙利、阿拉伯等十四國詩人二〇〇首詩（由法文迻譯）。二〇一四年十月分《丹麥與瑞典》與《石柱集》二冊出版。

一九八六年（民國七十五年）三十九歲

△二月：詩集《土地的戀歌》出版（笠詩社）。

一九八七年（民國七十六年）四十歲

△一月，加入「當代文學史料研究社」（秦賢次、陳信之、邱各容、應鳳凰等人）。

一九八九年（民國七十八年）四十二歲

△八月，隨「當代文學史科研究社」，赴中國上海、北京二地。

一九九〇年（民國七十九年）四十三歲

△三月：詩集《浮雲集》出版（笠詩社）。

△五月，擔任耕莘寫作班講師，主講：《惡之集》研究與名詩選讀。

一九九一年（民國八十年）四十四歲

△九月：散文詩選讀《情願讓雨淋著》（三十六家合編）出版，台北，業強出版社。

△九月兒童詩歌筆記《鞋子的家》出版，台北，富春文化公司。

△九月，出版翻譯《夢中的花朵—法國兒童詩選》（富春版）

一九九二年（民國八十一年）四十五歲

△四月：評論《惡之華譯析》〈廣州花城版〉。

△六月：詩評集《讀詩錄》出版，苗栗縣立文化中心。

△本年度參與《台港暨海外華文新詩大辭典》（古繼堂主編）詩集與詩評集的辭條撰述。

一九九三年（民國八十二年）四十六歲

△四月，出版改寫《法國寓言》（長鴻版）

△四月，出版評論《現代譯詩名家鳥瞰》（幼獅版）。

△六月，出版《認識莫渝》（苗栗縣立文化中心）。

△十月九日，發表論文〈熱血在我胸中沸騰—詩人的戰歌〉（詩人指覃子豪）

一九九四年（民國八十三年）四十七歲

△六月：文論《暗夜的星芒—法國詩歌筆記》出版，苗栗縣立文化中心。

△九月：《韓波詩文選》桂冠出版。

一九九五年（民國八十四年）四十八歲

△二月，出版翻譯《馬拉美詩選》（桂冠版）、出版《魏崙抒情詩一百首》（桂冠版）

△四月八日，發表論文〈六〇年代台灣的鄉土詩〉。

△八月，出席「亞洲詩人會議‧日月潭大會」。宣讀論文〈愛與和平—獻給迎向二十一世紀的亞洲詩人〉。

△同月，詩集《水鏡》出版，台北，笠詩刊社。

△十一月四日，發表論文〈台灣散文詩形式的探討〉

△十二月十日，演講〈人生苦短，詩藝長存—張我軍的詩藝〉

一九九六年（民國八十五年）四十九歲

△十一月二四日，主講〈苗栗文學概況〉。

一九九七年（民國八十六年）五十歲

△三月，出版漢法對照《香水與香頌：法國詩歌欣賞》（書林版）。

△四月，出版文評集《愛與和平的禮讚》（草根版，臺灣省新聞處讚助出版）。

△六月，出版評論集《彩筆傳華彩—台灣譯詩二十家》（河童版，國家文化藝術基

金會補助出版）。

△六月，出版散文集《河畔草》（臺中市立文化中心）。

△十一月二十日，開始在《國語日報．五．少年版》撰寫「新詩解讀」專欄至一九九九年三月二十五日止。

△十二月，出版評論《閱讀台灣散文詩》（苗栗縣立文化中心）。

一九九八年（民國八十七年）五十一歲

△四月：兒童文學《我們的島》、《神奇的貓》二冊出版，板橋市新埔國小員生社。

△五月：詩選集《水鏡》出版〈河童版〉，新增沈政乾插畫。

△五月四日，獲中國文藝協會「文學翻譯獎章」。

△八月一日，自台北縣板橋市新埔國小退休。

△九月二十七日，發表論文〈笠下的一群〉

一九九九年（民國八十八年）五十二歲

△四月十六日，開始在《國語日報．五．少年版》撰寫「小詩風采」專欄，至二〇〇〇年四月，約八十七篇

△四月：《神奇的窗戶—中國兒童詩歌賞析》出版，台北，富春文化公司。

△六月，出版評論《笠下的一群》（河童版，國家文化藝術基金會補助出版）。
△八月二日，接受文訊常長訪談，訪問稿刊登《文訊》一六七期。
△十月，擔任策後文化基金會台灣詩人獎評審委員（至二〇〇三年共四屆）。
△十二月，出版翻譯《法國二〇世紀詩選》（河童版）。
△十二月一日，擔任桂冠圖書公司文學主編。

二〇〇〇年（民國八十九年）五十三歲

△一月，出版《苗栗縣文學史》（苗栗縣文化局，與王幼華合著）。
△十一月，出版評論《台灣新詩筆記》（桂冠版）。
△十一月，出版評論《法國文學筆記》（桂冠版）。
△十一月，出版翻譯《小王子》（桂冠版）。

二〇〇一年（民國九十年）五十四歲

△五月，擔任吳濁流文學獎新詩組評審委員（至二〇一五年止）
△六月，出版編譯《白睡蓮—法國散文詩精選》（桂冠版）。
△六月，出版編選《薔薇不知—台灣情詩選》（桂冠版）。
△七月，出版編譯《法國情詩選》（集思書城版）。

△十月，出版翻譯《比利提斯之歌》（桂冠版）（同一書第二家版本）。

△十二月，出版評論《新詩隨筆》（台北縣政府，北台灣文學五三）。

二〇〇二年（民國九十一年）五十五歲

△二月五日起，為美國《台灣公論報》週報撰「新詩選讀」，每週乙次，至二〇一一年，約四〇〇篇左右）。

二〇〇三年（民國九十二年）五十六歲

△一月，在《國語日報・五。少年文藝》撰寫「波光瀲灩—二〇世紀法國文學」專欄，一整年計二三篇。二〇〇七年出版。

△五月，出版編著《塞納河畔—法國文學掠影》、《凱旋門前—法國文人翦影》（華成版）。

△十二月一日至九日，參加臺灣筆會印度文學之旅。

二〇〇四年（民國九十三年）五十七歲

△一月，出版翻譯《雅姆抒情詩選》，（石家庄，河北教育出版社，「二〇世紀世界詩歌譯叢」第五輯）。

△五月，出版翻譯《偶發事件》（羅蘭・巴特著）（桂冠版）。

△十二月，出版評論《螢光與花束》（臺北縣政府，北臺灣文學七七）。

△十二月底，離開桂冠圖書公司。

△任職桂冠公司五年一個月，經手編輯「桂冠世界文學名著」四十餘種、隨身讀「九九文庫」三六種及其他書刊二十餘種，共約百種，包括莫渝的著譯。

二〇〇五年（民國九十四年）五十八歲

△三月二十四－二十七日，參加「二〇〇五年高雄世界詩歌節」。

△四月，出版《莫渝詩文集》五冊精裝版（苗栗縣文化局），另加印《莫渝詩集一、二》兩冊平裝版。

△七月，參加台灣筆會文學團前往蒙古烏蘭巴托市，參加「臺蒙詩歌節」。

△八月，接任《笠》詩刊主編。

△十二月：《苗栗縣文學誌》（與王幼華合著）出版，苗栗縣文化局。

二〇〇六年（民國九十五年）五十九歲

△八月，出版蒙文版《莫渝詩選》一〇〇首，哈達（塔赫，Sendoo Hadaa）翻譯，蒙古烏蘭巴托（Ulaanbataar）市 ADMON 出版社。

二〇〇七年（民國九十六年）六十歲

△一月十三日，演講〈經典小詩與情愛私語〉（「淡水情歌」工地）

△五月，策劃「台灣詩人群像」二十三冊（春暉版，與陳坤崙、李昌憲合作）。

△五月，出版詩集《第一道曙光》（秀威版）。

△五月，出版文集《台灣詩人群像》（秀威版）。

△七月，出版文集《波光瀲灩—二〇世紀法國文學》（秀威版）。

△九月，出版《台灣詩人群像．莫渝詩集》（春暉版）。

△十月二十一日，演講〈法國文學，逛一逛〉（道藩分館）

二〇〇八年（民國九十七年）六十一歲

△一月十日，擔任「第一屆板橋藝文獎評審委員」（共四屆）。

△四月，參加「詩與休閒農業的對話」。

△五月二日，宣讀論文〈生存困境的掙脫〉（明道大學）。

△五、六月，受邀擔任臺北市立圖書館道藩分館駐館作家，及兩次演講，講題：〈一位台灣詩人的成長歷程〉（五月十七日）及〈莫渝、笠社、法國詩〉（六月二十一日）。

△七月，獲頒「第十六屆榮後台灣詩人獎」。出版得獎專輯《莫渝的文學旅途》。

二〇〇九年（民國九十八年）六十二歲

△四月，出版翻譯《比利提斯之歌》（中國，吉林出版集團）。（同一書第三家版本）。

△四月十八日，出席「二〇〇九年蓮花池螢火蟲季開鑼吟詩唸詩

△五月二十日，演講〈法國藝文台灣漣漪〉（中央大學法文系）

△六月，出版合編《二〇〇八年台灣現代詩選》（春暉社）。

二〇一〇年（民國九十九年）六十三歲

△一月，出版《台灣詩人選集・莫渝集》（彭瑞金編）。

△三月，出版合編《二〇〇九年台灣現代詩選》（春暉社）。

△四月二十二日，出席「台灣詩人選集」出版新書發表會。這系列共六六冊，莫渝編選十七冊（十七位詩人選集）。

△五月，策劃「五月詩歌節　土地與關懷：現代詩工作坊」三場六位演講（與台北大學中文系賴賢宗主任合作）。

△八月，出版詩集《革命軍》（秀威版）。

△十一月十七日，演講〈台灣文學的法國影子〉（中山醫大台語系）

二〇一一年（民國一〇〇年）六十四歲

△三月，出版合編《二〇一〇年台灣現代詩選》（春暉社）。

△五月三十日，發表論文〈人際／人慾的勾纏與角力—析論巫永福短篇小說〈慾〉〉

△六月，出版編選詩文集《詩人愛情社會學》（秀威版）。

△七月，出版台語詩集《春天ê百合》（府城舊冊店）。

△十一月，出版詩集《走入春雨》（新北市政府，北台灣文學一〇七）。

二〇一二年（民國一〇一年）六十五歲

△一月，出版韓文詩集《千濤拍岸》，韓籍文學教授金尚浩譯（韓國首爾 Baum 出版社）。

△三月二十二日，演講〈莫渝和法國文學〉（淡江大學）。

△四月，出版合編《二〇一一年台灣現代詩選》（春暉社）。

△四月，出版合編《笠園玫瑰—笠女詩人選集》（春暉社）。

△九月二日，卸下《笠》詩刊主編，編務至二九一期出版（從二〇〇五・十・二四九期到二〇一二・十・二九一期，計七年四三期的編務）。

△十月十七日，演講〈由閱讀欣賞到寫作—詩的開始〉（台中慈明高中）

二〇一三年（民國一〇二年）六十六歲

△四月九日，演講〈從蜘蛛吐絲談起〉（聯合大學華文系）

△四月，出版合編《二〇一二年台灣現代詩選》（春暉社）。

△六月十二日，《小王子》經典名句與續讀文字稿六件搭配《小王子》影像製成杯套置放 **7-11CITY CAFÉ** 的咖啡杯。

△六月二十二日，人間衛視《知道》節目播出〈莫渝：打開迎向世界詩壇的窗〉（主持人：鄭朝方；執行企劃：符雅君）。

△八月二十六—三十日，日本大阪之旅。

△十月，出版《台灣詩人側顏》（秀威版）。

△十月三十一日，出版第二本台語詩集《光之穹頂》（高雄市文化局＋玉山社）。

△十一月二日，參加「大溪詩人節」朗讀〈行踏咱ê愛河〉、〈躍出混沌〉（頑石劇場郎亞玲主辦）。

△十一月十日，《光之穹頂》新書發表會（高雄文學館）。

△十一月十日，春暉出版社陳坤崙先生委託撰《笠詩社演進史》，明年四月交稿。

二〇一四年（民國一〇三年）六十七歲

△四月二十六日，出席「文學四月天二〇一四年文學討論會」（涂妙沂策畫）。

△四月，出版合編《二〇一三年台灣現代詩選》（春暉社）。

△五月，出版《莫渝小詩集：給貓咪的十二行詩》（春暉社）。出版《笠詩社演進史》（春暉社）。出版編《笠文論選》二冊《時代的見證》、《風格的建構》（春暉社）。

△五月十八日，演講〈青春活躍、離散轉轍、新詩園—從銀鈴會到笠的中台詩人群〉。

△六月二十八日，演講〈《笠》與台灣文學〉。

△七月二十六日，演講〈溯溪—淡水河畔笠詩人的風采〉。

△八月十日，演講〈《笠》的意義與精神〉。

△九月十三日，接受自由之聲廣播電臺臺長陳順平訪問，談〈小王子、笠詩社、台語詩、菜園〉。演講〈重溫《小王子》〉。

△十月，出版詩集《陽光與暗影》（新北市政府，北臺灣文學一三一）。

△十月三十日，參加笠詩社「詩寫嘉義」參訪寫作計畫，撰〈旅人口袋表詩—一日嘉義〉十四首。

二〇一五年（民國一〇四年）六十八歲

△三月十五日，擔任「吳濁流文學與新詩獎」評審委員。
△四月，出版合編《二〇一四台灣現代詩選》（春暉版）
△九月，出席二〇一五年台南福爾摩沙國際詩歌節
△十月：北歐詩譯《瑞典與丹麥》、《石柱集：第三世界詩歌的譯介與欣賞》二書出版，高雄，春暉出版社。
△十一月十三日，發表〈譯書心得分享〉，提交論文〈漫遊者巡弋的空間詩意—取王白淵《荊棘之道》抽樣為例〉（明道大學）
△十二月十八日，擔任二〇一五年第一屆法語譯者協會翻譯獎」評審委員
△十二月，出版編選《台灣現當代作家研究資料彙編。六五。詹冰》（文訊）
△劉蓉碩士論文：《以現實的筆，寫關懷的詩—莫渝新詩研究》，中興大學中國文學系所。

二〇一六年（民國一〇五年）六十九歲

△四月，出版合編《二〇一五台灣現代詩選》（春暉版）
△五月十三日，擔任中國醫藥大學學生文藝獎新詩組評審。
△七月八日，擔任公益講師、講授：認識張我軍。板橋國民運動中心，公益課程。

（因尼伯特颱風停課）

△八月十二日，擔任公益講師、講授：溯溪—淡水河畔新北市詩文的風采。

△九月一日～七日，出席「二〇一六淡水福爾摩莎國際詩歌節」

△十一月四日，擔任公益講師、講授：小說家鄭清文三篇新莊故事。

△十二月二日，擔任公益講師、講授：龍瑛宗的夢。

△十二月二十三日，擔任二〇一六年第二屆「台灣法語譯者協會翻譯獎」評審委員。

二〇一七年（民國一〇六年）七十歲

△四月二十七日，主講：〈綺麗的法國文學流沙〉，淡江大學法文系學述講座。

△十月，出版輕詩《晨課》，高雄，春暉出版社。

△十月，出版詩集《畫廊：莫渝美術詩集》，臺北，文史哲出版社。

△十月二十一日（六），擔任公益講師講授：充滿詩意的智慧生活—閱讀黃騰輝詩集《冬日歲月》。公益課程07。

二〇一八年（民國一〇七年）七十一歲

△一月五日（五），擔任公益講師講授：回看經營之神的文學故事—邱永漢早年小說《濁水溪》，公益課程08。

△一月，出版情詩集《貓眼，或者黑眼珠》，秀威版〉。

△四月三十日，小鹿兒童文學雜誌創刊號《跳舞的鶴》出刊。擔任編輯部副主編。

△五月，出版合編《二〇一七年台灣現代詩選》，春暉社。

△八月十八日（六），演講〈重現童年的場景—從〈詩的森林〉走進岩上的童詩世界〉，「岩上老師童詩學術研討會」。

△八月三十日出版《莫渝現代詩賞析》，臺北，文史哲出版社。

△九月一日（六），發表論文〈填補人生的裂縫—取岩上的五首詩為例〉，「在現實的裂縫萌芽：岩上八十壽慶學術研討」，南投縣政府。

△十月，出版輕詩集《斑光—晨課2》英漢對照，黃玉蘭英譯，春暉出版社。